COMMUNIQUER POUR VIVRE

« *Espaces libres* »

La communication personnelle ? Une ascèse

SYLVIE GALLAND

On peut dire que ce siècle, qui scrute les labyrinthes de la pensée et de la psyché, est celui de la découverte des dédales de l'être intérieur, du moins en Occident. Mais à côté de la richesse de ces explorations jamais achevées, la pauvreté du discours relationnel saute aux yeux : il est plus que jamais temps de trouver les moyens de se *dire !*

Je ne crois pas que la communication personnelle soit de nos jours plus pauvre que celle des générations et des époques précédentes, au contraire, mais elle me paraît être devenue l'objet d'infiniment plus d'attentes, de besoins et d'espoirs, et par conséquent de déceptions.

L'uniformisation banalisante qui nous menace, la perte de repères sociaux et religieux, et surtout le manque d'un idéal convaincant peuvent mener au désarroi, à l'indifférence, ou à une fixation sur des buts matériels. En réaction, nombreux sont ceux qui cherchent dans leurs relations intimes, amicales, familiales et amoureuses, le sens et la sève de leur vie. Les individus sont de moins en moins portés par une communication symbolique collective, qui naguère donnait sens aux âges de la vie, ils s'inscrivent plus rarement dans des modes de relation conventionnels et structurés par des traditions locales, des rôles déterminés, des coutumes et des rites. Au temps où les milieux sociaux étaient de véritables castes, ils ne se référaient pas, pour définir leur mode de vie, aux épanchements du cœur, mais à des impératifs de bienséance et de nécessité qui prenaient peu en compte les souffrances et les besoins psychiques individuels. La dissolution des formes fait de la représentation individuelle du bonheur un critère central. Or, rien n'est plus exigeant que de mener sa vie, ou de gérer la vie d'un groupe en se basant principalement sur les désirs, les peurs, les colères, les hontes et les aspirations idéales de chacun. *Cette difficile voie de l'individuation fait appel à de nouveaux besoins de connaissance de soi-même, à une attention accrue portée à la gestion de nos relations personnelles, et à l'apprentissage de la communication intime.* Cela représente une réelle ascèse, dans le sens d'un exercice permanent en vue d'un agrandissement de la conscience.

À ces besoins nouveaux ne fait écho aucun enseignement ni formation généralisés. Il est dans la nature de la quête individuelle de ne pouvoir trouver des réponses institutionnelles. Chacun cherche des repères dans des livres, par des rencontres, des stages, des thérapies, ou auprès de guides momentanés. La science nous aide à reconnaître que la différenciation personnelle s'inscrit dans une interdépendance humaine, cosmique et transcendantale, et dans une indispensable solidarité.

Personnalisme chrétien

L'évolution qui, malgré toute la résistance d'Églises instituées, nous conduit au personnalisme, est d'origine chrétienne. Le Christ nous invite à passer de l'adhésion aux dogmes, à une foi personnelle et à une expérience intérieurement vécue. Sans nous cacher qu'il s'agit là d'un chemin nouveau très étroit, peu balisé et plein d'obstacles.

J'ai été passionnée par la recherche de Marie Balmary [1] et par ses démonstrations qui révèlent comment des erreurs de traduction et d'interprétation ont fait prendre à contre-sens certains messages de la Bible. Notamment les paroles du Christ qui ont été comprises comme des incitations à se renier soi-même. Par exemple : « Si quelqu'un veut venir à ma suite, qu'il renonce à lui-même et prenne sa croix, et qu'il me suive. » Marie Balmary montre de façon évidente que les mots, entendus de manière rigoureuse, signifient le contraire : ils proposent de renoncer au désir de suivre, puis de se tenir debout et de prendre en main sa vie et sa mort (ainsi peut être traduit et compris « prendre sa croix ») et de l'accompagner [2].

Ainsi l'affaiblissement des traditions sociales et religieuses nous conduit à une crise dangereuse et enthousiasmante : il s'agit que chacun devienne vraiment sujet, qu'il se reconnaisse dans un *je* à la fois unique et relié à tout, qu'il se responsabilise et

1. Marie Balmary, *Le sacrifice interdit,* Grasset, 1986.
2. Marie Balmary, « Un messie à ne pas suivre », in *La divine origine,* Grasset, 1993.

qu'il invente son propre chemin vers le rêve d'un ciel à atteindre qui dort au fond de toute conscience humaine.

L'énigme du Sphinx

Dès qu'ils accèdent à la capacité de dire « je » vers trois ans, les enfants se posent et nous posent l'énigme du Sphinx : qui es-tu, d'où viens-tu, où vas-tu ? Ils nous demandent simplement d'où viennent les bébés. Aucune explication biologique ou affective ne peut les satisfaire, car leur question est métaphysique, elle est une interrogation sur l'origine humaine. Au moment où ils commencent à structurer leur langage, les enfants sont en train de perdre leur connaissance des mondes invisibles. C'est dans ce temps où l'amnésie s'installe qu'il nous questionnent passionnément, comme s'ils voulaient inscrire dans une conscience rationnelle une connaissance directe qui s'efface. « Mais encore avant d'être dans le ventre de maman j'étais quoi ? Et quand on est mort on est quoi ? » Nous pouvons leur répondre, car ils le savent déjà, ce qu'enseignent toutes les mythologies et aussi les contes de fées : « Il y a en toi quelque chose d'éphémère et quelque chose d'éternel. La vie sert à utiliser ce qui passe pour avoir accès à la connaissance de ce qui demeure. Mais cela représente beaucoup de travail. »

La première chose qu'ils auront à apprendre, ce sont les relations et la communication avec leurs proches. Elles font partie de cet éphémère indispensable, à tout âge, à notre croissance, si nous acceptons de leur consacrer notre attention et d'en tirer un enseignement. L'apprentissage ne sera jamais terminé.

Des exigences nouvelles

Notre siècle est celui de la psychologie, de la grande aventure de la découverte de son for intérieur, des entrelacs de pensées, de passions, de sentiments et de mémoire qui y règnent, et surtout de la reconnaissance de l'importance de l'inconscient. Un nombre croissant de personnes, les femmes et les enfants d'abord, ne se satisfont plus de modes de communication qui n'abordent pas les mouvances de la vie affective.

Une femme de quarante ans m'écrivait récemment : « C'est moi qui ai provoqué la rupture. Toutes les qualités d'un homme beau, intelligent, cultivé, attentif et artiste ne combleront jamais pour moi l'incapacité de parler des sentiments et de se remettre en cause. J'ai trouvé intéressant d'entrer dans le monde d'un homme très cultivé et sociable, mais il n'a jamais pu entrer dans le mien. Et si j'ai pu l'écouter pendant des heures m'expliquer les guerres de religions, il n'a jamais supporté que je lui demande de me parler de sa maman, ou que je dise ce que je ressentais dans ma relation avec lui. » Elle aurait souhaité qu'après avoir parlé des guerres des autres il soit possible aussi d'aborder leurs guerres intimes, conflits intérieurs à chacun ou subtiles luttes de pouvoir entre eux. Il y avait bien là guerre de religions entre une adepte de la recherche personnelle et un fidèle de la généralisation intellectuelle.

Mal-être, dépressions, révoltes et suicides expriment souvent un besoin impérieux et peut-être nouveau par son urgence, celui de mieux définir sa propre identité en établissant une communication vraie et profonde avec soi-même et avec ses proches. Mais même ceux qui sont conscients de cette nécessité ne savent guère comment s'y prendre pour se guider dans le labyrinthe. C'est une véritable Odyssée où ne manqueront ni les tempêtes, ni les sirènes.

Si le psychisme est la matrice du spirituel, nos relations sans cesse remises sur le métier, par une communication vivante, seront des outils importants pour déblayer le chemin vers un élargissement de notre champ de conscience.

En apparence, la démarche est simple : pour communiquer, il suffit de deux compétences, savoir écouter et savoir se dire. Or chacun de ces versants demande, comme toute ascèse susceptible de nous transformer, beaucoup de renoncements, de vigilance, de persévérance et de maîtrise de soi. L'histoire de l'humanité, de même que celle de chacun de nous, indique que la connaissance, source de métamorphoses, d'étonnements et d'émerveillements, se développe à travers le désordre et la souffrance.

Écouter

Écouter réellement un autre procure le plaisir de l'ouverture, de la réceptivité et de l'empathie, mais cela exige toute une série de renoncements. Se taire est parfois difficile dans l'intensité d'un échange. Si ce que dit l'autre heurte mes convictions ou ma sensibilité, ou réveille mes émotions, cela peut me demander un effort puissant que de ne pas réagir dans l'immédiat, de ne pas m'emparer de sa parole pour exprimer mon expérience ou ma croyance. *Plus l'autre est important pour moi et plus ma réactivité à ce qu'il dit encombrera mon écoute.* Surtout s'il parle de sa relation avec moi. Combien de parents, jeunes ou âgés, ne peuvent pas entendre les vrais sentiments de leurs enfants lorsque ceux-ci ne sont pas conformes à leurs espoirs ou blessent l'image du bon père et de la bonne mère qu'ils désirent si fort être et avoir été. Écouter sans se justifier et sans catégoriser l'autre est un grand exercice de maîtrise de soi, car il s'agit d'entendre ses propres réactions émotionnelles sans les nier mais de ne pas les laisser nous envahir.

Me décentrer de mon point de vue familier pour entrer dans la subjectivité d'un autre, pour considérer sans préjugé son système de références intérieur est un beau travail intellectuel et affectif, animé par la passion de comprendre ce que je ne comprends pas. L'intolérance est une difficulté à étendre son pouvoir de compréhension.

Écouter peut me conduire à devoir renoncer à l'image que j'ai de l'autre, à mon idéalisation, peut-être, ou à des projections négatives qui m'arrangent. Renoncement, aussi, que de m'apercevoir que je n'ai pas de pouvoir sur les sentiments de l'autre. La perte de cette illusion que je parviendrai à changer l'autre peut prendre beaucoup d'années et de peines.

Savoir écouter, c'est aussi entendre le sens plus que les mots, en ne globalisant pas tel ou tel aspect. C'est un art fait de vigilance et d'ouverture.

Se dire

Savoir se dire requiert aussi un courageux travail sur soi. Repérer et nommer ses propres émotions, décrypter les affleurements de ses fantasmes inconscients, faire des liens entre le présent et son passé personnel, cela représente une quête active d'une vérité multiple et mouvante. Nous retrouvons là la mission confiée à Adam, celle de nommer les animaux de la création pour les maîtriser. Nul ne peut domestiquer sa jalousie, par exemple, sans d'abord la reconnaître et en chercher les racines.

Il ne suffit pas, pour communiquer mieux, d'avancer dans la connaissance de soi-même. Encore faut-il réfléchir à ce qu'on dit à l'autre, et comment, selon les circonstances. Il peut y avoir de l'héroïsme à dire ou à taire quelque chose — renoncer à tout dire, renoncer à déverser nos pesanteurs intérieures sur l'autre, renoncer au besoin d'être entièrement entendu et compris. La communication la plus riche ne sera jamais qu'un contrepoint à notre solitude essentielle et à notre acceptation de vivre avec des vérités relatives et des questions sans réponses. Le non-formulé demeure la part la plus importante de notre vie intérieure.

Il ne peut y avoir d'intimité que si nous pouvons révéler nos failles, si chacun offre à l'autre un accès à ses manques. Se rencontrer seulement au niveau du moi idéal et des défenses est très lassant. Mais il peut nous sembler périlleux de lâcher les mécanismes de sécurité que nous avons construits, très tôt dans notre vie, pour protéger notre vulnérabilité. Je suis frappée, dans les conversations courantes, par la proportion de déclarations qui signifient : « Voyez comme je fais bien les choses, comme j'ai de bonnes intentions, et comme les autres sabotent... » Pour certains, la critique des gens et de la société est un soutien nécessaire au sentiment de leur valeur personnelle ou d'une pseudo-supériorité dont ils ne peuvent se passer. Il est ardu de se priver de la médisance et de l'accusation, car toute décharge d'agressivité s'accompagne de plaisir. *Que de bénéfice nous procure l'indignation vertueuse !*

Se dire est non seulement une affaire de discrimination et de courage, mais aussi une acceptation de rechercher la voie du milieu : dire à bon escient, ni trop ni pas assez, dire nos attentes à la personne concernée, et non pas à un tiers, supporter d'entendre la vérité que nous réclamons, celle de l'autre et la nôtre.

Les défis des relations

Toute relation engagée nous confronte à des défis dans le but de nous faire grandir, et chaque conflit, chaque malentendu est une invitation à nous regarder dans le miroir, avec un intérêt bienveillant de préférence. Les épreuves de la vie émotionnelle sont des cadeaux pour qui peut les intégrer, elles se répètent d'ailleurs jusqu'à ce qu'elles aient réussi à provoquer une remise en cause. Nos amours peuvent ainsi nous tenir lieu de psychanalyse — moins chers, financièrement parlant, mais tout aussi coûteux en efforts de compréhension — si nous parvenons à découvrir, à l'aide d'une communication poussée, ce que nous transférons sur les autres et quelles strates enfouies ils réveillent en nous.

Si j'ai parlé de la communication comme d'une *ascèse* et de l'amour comme d'un *travail,* ce n'est pas faute d'en reconnaître le mystère et les joies, mais par conviction que ces bonheurs sont liés aux risques pris, et aux changements dans notre façon de nous relier à nous-même, aux autres et au monde. J'ai entendu que notre mission sur terre est de transformer en conscience ou en lumière les énergies dont nous sommes le réceptacle, *et je vois qu'en cultivant avec vigilance l'amour personnel nous saisissons des bribes de ce que peut être l'amour impersonnel.*

Je ne suis que le lien que je crée

MONIQUE HERBAGE
ET PIERRE HERZBRUN

Nous naissons à la vie du monde par notre mère. Mais il est une seconde naissance à vivre qui passe par la parole, la relation à nous-même et à autrui.

Dans notre pratique de thérapeutes, nous avons été entraînés à constater qu'il existe trois niveaux de communication possible : parler, communiquer, dialoguer.

Parler : revient habituellement à faire du bruit avec sa bouche selon deux modalités bien particulières : l'usage du ON et du TU.

Le ON s'entend lorsque la personne a du mal à se sortir d'un anonymat indifférent et polymorphe.

L'emploi du TU, qui n'est pas le *tu* de l'intimité, est une façon de ne pas parler à l'autre mais *de* l'autre. TU TU TU, c'est la « relation klaxon » : « *Tu es* ceci, *tu es* cela. »

Il est des personnes au langage préfabriqué qui arrivent en thérapie et parlent, parlent, parlent. S'il n'y avait pas intervention du thérapeute au moment opportun, les séances se ressembleraient à tel point qu'au bout de X mois il serait impossible de dire quoi que ce soit ; les mots tombent pour ainsi dire par terre avant d'arriver au thérapeute. Je me souviens notamment de cette jeune et jolie femme qui parlait en regardant obstinément la fenêtre comme pour obliger les mots à se noyer dans la Saône, la rivière qui coule en bas du cabinet. Au milieu de la deuxième séance, je pris mon fauteuil et l'installai entre elle et la fenêtre, sur la trajectoire du « parler » dont la destinée était l'oubli. Elle me regarda, stupéfaite : elle me voyait pour la première fois. Elle éclata en sanglots ; la thérapie pouvait commencer.

Communiquer : transmettre une information à l'autre dans le but de l'informer ou/et de le convaincre. Communiquer, c'est plus rarement partager ; l'autre est plus souvent considéré comme un récepteur que comme un interlocuteur.

Les agences de publicité, par exemple, sont des agences dites de « communication » et nous voyons l'usage qu'elles en font : par des moyens subtils, la publicité cherche à nous convaincre de changer de comportement — qu'il soit alimentaire ou touche tout autre secteur de notre personnalité. Cette communication-là, qui est subordonnée à l'économie de consommation et sert de véhicule à toute forme d'idéologie — politique ou caritative —, est intrusive et agressive ou unilatéralement informative. En effet, cette forme de communication pourrait se figurer par une ligne qui va toujours du haut vers le bas : celui qui « sait » est en haut, il informe, convainc, persuade, enseigne (dans le meilleur des cas) à celui qui est en bas.

Dialoguer : entrer en relation avec une personne et en ressortir différent. Le but du dialogue n'est pas de convaincre mais de faire avancer une manière de penser au contact d'une pensée différente et l'espace entre les deux personnes est en cela un terrain de création.

Pour une personne, dialoguer suppose qu'elle soit devenue un *sujet parlant* après avoir été un *sujet parlé*. Qu'est-ce que cela signifie ? Que l'être humain naît *objet,* chargé d'une histoire, d'un vouloir, et dans la nécessité durant les premières années de sa vie de construire un scénario qui sera pour lui l'outil indispensable à sa structuration. Que l'être humain en naissant n'est pas encore le *sujet* qu'il sera, et cela pour au moins trois raisons : la transmission généalogique, le désir des parents sur lui, et la construction de son scénario de vie, font que l'enfant ne peut pas prétendre être *sujet.* Il a « seulement » pour mission de le devenir, et nous verrons comment.

C'est en ce sens que Marie Balmary, dans le sous-titre de *La divine origine*[1], dit quelque chose qui frise le parjure : « Dieu n'a pas créé l'homme. » En effet, s'il y a création, il ne peut s'agir que d'un objet. Personne, fût-ce Dieu, ne peut créer du « je SUIS ». Dieu, en créant l'homme, a créé un objet qui a la possibilité sinon le devoir de passer d'objet à sujet, autrement dit, de passer de l'inaccompli à l'accompli. Pour effectuer ce passage, l'homme

1. Marie Balmary, *La divine origine,* Grasset.

devra se mettre debout (aux sens littéral et symbolique) et rendre la parole vivante.

Arrêtons-nous un instant sur ces raisons qui font que l'enfant est d'abord le prisonnier d'une toile d'araignée qu'il n'a pas tissée lui-même mais qui lui a été transmise.

La transmission transgénérationnelle

Nous ne savons pas comment la mémoire de la saga familiale est transmise et transcrite. Rien dans les connaissances actuelles ne permet de comprendre ce qui peut tracasser plusieurs générations d'une même famille, mais les études statistiques menées aux États-Unis, notamment par Joséphine Hilgard, montrent que nous ne pouvons imputer aux hasards ce qu'on appelle les « loyautés invisibles » (syndromes de répétitions) et les syndromes d'anniversaires (mêmes événements aux mêmes dates sur plusieurs générations). Il semble que l'histoire passe directement de l'inconscient de la mère, qui n'est qu'un agent de transmission mandaté par les générations qui l'ont précédée, au fœtus. Nicolas Abraham [1], fondateur du concept de transmission transgénérationnelle, émet l'hypothèse d'« un fantôme en tant que témoignage d'un mort enterré dans l'autre, prenant sa source dans l'unité duelle mère-enfant transformée en union dualiste interne entre conscient et *moi* ».

Ces images inconscientes sont d'autant plus à

1. Nicolas Abraham, « Le travail du fantôme dans l'inconscient et la loi de nescience », in *L'écorce et le noyau,* Anamnèses.

l'œuvre qu'elles ont été transmises par contamination, qu'elles n'ont pas été « proposées » en première personne et, de ce fait, n'ont pu être ni contrées ni discutées ni refusées. L'enfant n'a aucun moyen à sa disposition pour échapper à cette contamination qui se fait en plusieurs étapes. Selon Anne Ancelin-Schutzenberger [1], on passe du « pas-dit » au « non-dit » qui devient un secret qui s'encrypte. La crypte sert de tombe au fantôme qui surgit dans des actes incompréhensibles pour celui qui en est le porteur. Dans *L'ange et le fantôme,* Didier Dumas [2] démontre que, dans les cas de pathologies extrêmes, il faut trois générations pour « faire un psychotique ».

Un exemple désormais classique de ce phénomène est celui d'Arthur Rimbaud prenant la fuite pour tenter de résoudre un problème qui se répétait depuis trois générations : l'arrière-grand-père et, à sa suite, les pères de la lignée paternelle abandonnaient leurs fils toujours au même âge (six ans), soit en mourant, soit en partant. Lorsqu'il cessa d'être poète, Arthur Rimbaud mena une vie d'errance habité par le fantôme de son père au point qu'il confondait sa propre vie avec la sienne. Cette répétition est l'une des conséquences des « comptes non soldés » de cette famille.

1. Anne Ancelin-Schutzenberger, *Aïe, mes aieux,* Épi/La méridienne.
2. Didier Dumas, *L'ange et le fantôme,* Minuit.

Le désir des parents sur l'enfant

L'enfant est d'abord situé dans un rapport de possession avant d'être inscrit dans un rapport de filiation : J'*ai* un fils. J'*ai* une fille. »

Khalil Gibran nous prévient que « nos enfants ne sont pas *nos* enfants [1] » ; mais, dans la réalité, l'enfant « appartient » d'abord à ses parents et, « pour son bien », soumis, au mieux, à l'image idéale que les parents ont de lui.

Quelles que soient les attentes des parents, qu'ils soient de droite ou de gauche, ils le veulent être *quelque chose.* Qu'il soit obéissant ou révolté, l'enfant se comporte toujours selon le désir implicite des parents. En désobéissant, par exemple, l'enfant permet à des parents trop soumis de se soulager en sévissant. En se révoltant, il peut rendre vivante la révolte de ses parents également révoltés, mais muets.

Tous les cas de figure sont possibles mais ils concourent tous à montrer que les possibilités de l'enfant ne sont d'abord que réactives. L'enfant agit peu, il réagit. Si bien que, lorsqu'il commence à parler, il est plus « parlé » qu'il ne parle. « Avant même d'être né, tout individu est parlé du seul fait que les institutions existent et fonctionnent [2]. »

Il ne s'agit pas de détruire les institutions ni les familles. Les textes fondateurs autour desquels se retrouvent les communautés construisent une

1. Khalil Gibran, *Le Prophète,* Albin Michel.
2. Pierre Legendre, *Fondement généalogique de la psychanalyse,* Fayard.

mémoire collective qui assure la cohésion du groupe sans laquelle la société ne pourrait vivre. Certes y a-t-il eu des tentatives pour que l'influence des familles s'exprime différemment, notamment par l'expérience des kibboutz ; il semble qu'elles ne soient pas concluantes : même si les enfants sont pris en charge par un personnel extrêmement constant et compétent au sein d'une structure communautaire totalement adaptée à l'enfance, l'influence parentale n'en demeure pas moins primordiale. Néanmoins sans une remise en cause de cette préprogrammation l'homme deviendrait, selon l'expression d'Herbert Marcuse, un « homme unidimensionnel ».

Le scénario de vie

Par les deux premiers points, nous avons tenté de montrer ce qui arrivait de l'extérieur vers l'enfant : la transmission transgénérationnelle, autrement dit l'histoire passée que la personne est chargée de rejouer ou d'exorciser, et l'influence du parent et des institutions sur lui. Deux facteurs qui font que l'être humain ne s'exprime pas en première personne : il est parlé.

Il est un troisième point qui interpénètre avec les deux autres : la construction par l'enfant de son scénario de vie tel qu'il a été défini par Éric Berne.

C'est un paradoxe en cela que l'enfant agit avec ce qu'il est pour construire son scénario, donc use de sa liberté, même si elle est très limitée, pour se construire une prison. Prison dans la mesure où un scénario rend l'acteur tout à fait prévisible. Le scénario de vie se construit entre zéro et six ans. Pourquoi et comment ?

L'enfant a besoin de se créer du « je SUIS ». En arrivant au monde, il semble se poser trois questions : Qui suis-je ? Qu'est-ce que je fais ici ? Combien de temps est-ce que ça va durer ? La construction du scénario de vie a pour but de donner des éléments de réponse à ces questions sans que toutefois elles ne soient jamais résolues. Éléments de réponse, donc, par la structuration de sa pensée, son temps, son espace.

Le scénario se construit dans un environnement restreint. Le monde de l'enfant, ce sont ses parents, la fratrie, les proches, les histoires qu'on lui raconte — les contes de fées, par exemple, qui sont pour lui une description de sa réalité quotidienne.

Contrairement aux deux premiers points abordés, c'est l'enfant qui, ici, apporte sa propre solution, même si son champ de réponse est extrêmement limité. Donnons un exemple.

Un homme a trois filles. Depuis la naissance de la première, cet homme souhaitait un garçon. Cela n'a pas été dit mais les trois filles le savent. Peut-être même que ce père leur a donné des prénoms masculins féminisés — Dominique, Michèle et Claude par exemple. Sur chaque fille pèse la même déception du père de ne pas avoir eu de garçon, et surtout si cela est resté dans le non-dit, mais les décisions de vie qu'elles vont prendre seront très différentes.

La première deviendra, par exemple, le garçon manqué de la famille et mettra tout en œuvre pour que le père « oublie » qu'elle est une fille. Le choix de son métier et l'orientation de sa vie affective en dépendront et il convient de savoir que ce choix demeure totalement inconscient.

La deuxième grandira dans le ressentiment : « Tous les hommes sont pareils, les femmes ne sont que des sous-produits, bonnes pour servir les seigneurs » ; cette enfant deviendra soit une femme totalement soumise, soit une pasionaria.

Quant à la troisième, elle décidera d'être totalement ensorceleuse, séduisante et séductrice, tellement « fille à son papa » que celui-ci en oubliera sa déception. Cette fille cultivera l'art de plaire, quitte à ce que cette séduction ait des visées plus souterraines comme celle, par exemple, de mettre l'homme à son service.

Comment les choses se mettent-elles en place ?

Il n'y a pas d'éducation sans loi. Pour grandir, l'enfant a besoin de structures, d'un cadre de références le plus précis possible. Ce cadre est plus ou moins large ou plus ou moins grand selon les familles, mais il existe. Il peut être comparé à une matrice à l'intérieur de laquelle l'enfant grandit en sécurité. Peut-on imaginer une mer sans rivages ? C'est impossible. Il ne pourrait pas même exister de poissons dans cette mer-là. Elle s'étalerait à l'infini jusqu'à ne plus exister. C'est la rencontre avec les bords qui font qu'elle existe. Il en va de même pour le cadre de références de l'enfant. Pour féconder le sujet qu'il est, il doit d'abord prendre conscience de sa limitation.

Ici nous repérons deux courants de pensée. L'un pour lequel l'homme est l'acteur d'une histoire préétablie. L'homme apparaît ici comme un « fonctionnaire du destin » qui a mission de réaliser un programme : c'est écrit, *mektoub.* Et l'autre courant, issu de la pensée talmudique et soutenu par le courant psychanalytique, qui prend le contre-pied de cette vision de l'homme en cherchant systématiquement les moyens de sortir de tout enfermement destinal. Sortir de son destin pour accomplir son histoire. Si la personne s'en tient au sens déjà existant, il vivra comme un vieillard dont l'histoire est écrite et dont il est l'acteur passif. Marc-Alain Ouaknin [1] dit d'un tel homme qu'il est « préhistorique ». L'homme historique, au contraire, est capable de féconder ce qu'on lui donne en le remettant en question.

Prendre, transformer et donner. Dans *Les enfants de la terre,* J.-M. Auel donne l'hypothèse que les néandertaliens contemporains des hommes n'ont pas survécu parce qu'ils n'avaient qu'une mémoire, ils n'avaient pas la capacité d'anticiper. Autrement dit, ils ne pouvaient pas transformer le passé en présent pour en faire un futur ; ils en sont morts.

De l'objet au sujet

C'est ici que se situe le problème de l'homme qui veut devenir sujet. Pour l'objet, le futur est un passé à la sauce inquiétude. Pour le sujet, le passé est converti dans le présent pour un futur — converti en fonction de sa compréhension, de l'analyse qu'il en a fait dans le présent. Peut-être

1. Marc-Alain Ouaknin, *Bibliothérapie,* Seuil.

accomplira-t-il les mêmes choses, dira-t-il les mêmes paroles, mais elles seront nouvelles quand il les redira. De même que l'homme a besoin de nouvelles nourritures, il peut manger du pain chaque jour à condition toutefois que ce pain n'ait jamais été mangé. La répétition du même doit être porteuse d'une nouveauté et d'une altérité.

Il y a un paradoxe entre le fait que la personne soit obligée de passer par cette période de « pas-je » où le *je* n'est que la mise en scène inconsciente du scénario de vie ou un objet nécessaire à l'accomplissement de répétitions et le fait qu'il va passer beaucoup de temps pour quitter ce « pas-je » pour accéder enfin au sujet libre. Cette transition est un chemin difficile qui trouve souvent sa source dans la souffrance.

La blessure originelle

La blessure originelle, à l'occasion d'une rencontre, d'une séparation, d'une maladie, d'un accident..., se réactive, s'embrase. Nous tombons dans un trou. Cette expérience dépressive nous donne l'occasion de rencontrer nos limites, nos insuffisances, nos manques, et c'est peut-être là l'occasion du voyage de la seconde naissance.

L'être en souffrance s'aperçoit qu'il n'est pas malade tout seul. Il est malade dans une relation à l'autre ou dans l'absence de relation à l'autre, ce qui est la même chose.

Il y a ici ce qui ressemble à une contradiction, qui ressemble seulement. Nous nous croyons malade à cause de l'autre et c'est seulement dans la relation à l'autre que nous aurons la possibilité de guérir. C'est en prenant le risque de l'autre que l'on se trouvera soi-même. D'où que nous regardions, nous trouvons l'autre.

Mais il y a une différence : dans un premier temps, l'autre n'est qu'un objet nécessaire à la réalisation de mon scénario. Par exemple, je vais choisir mon conjoint en fonction de ma réalisation scénarique. Si c'est d'être une personne qui sera toujours abandonnée, je vais choisir de manière totalement inconsciente parmi ceux qui m'entourent celui ou celle qui effectivement m'abandonnera soit en me délaissant, soit en me quittant, soit même en mourant prématurément. Dans un deuxième temps, le *lien* que je vais créer avec l'autre sera le *lieu* où JE pourra se trouver. Le JE est celui qui, devenu conscient, peut reprendre, élargir voir même confirmer ses choix. Ce passage de l'inconscient au conscient se fera en relation à l'autre. Si je ne suis pas en relation je ne peux pas devenir sujet, je ne peux dire qui je suis. Dans la psychose, la relation à l'autre n'existe pas ou plus. C'est une relation à sens unique où l'espace entre deux personnes n'existe pas. La personne qui souffre de psychose manque d'une autre avec qui être. Isolée d'elle-même, elle ne peut accueillir l'événement. Enfermée dans son destin, elle ne peut créer son histoire.

Nous comprenons pourquoi nous sommes affamés de relations : c'est parce que nous avons besoin de nous, de savoir qui je suis, moi l'unique qui veut sortir de l'objet enfermé dans la répétition.

Michel Tournier, dans *Robinson ou les limbes du*

Pacifique, montre comment Robinson, seul, sur l'île, court le risque de devenir fou. S'il y échappe c'est parce qu'il rentre en relation avec son environnement et cela pas dans le sens que l'on pourrait supposer : non pas de lui vers l'arbre — ce qui aurait été une façon de revivre le passé —, mais, au contraire, et c'est là aussi le génie de Michel Tournier, il laisse l'arbre lui dire qui il est.

Nous sommes toute une partie de notre vie des étrangers à nous-même. Pour devenir le sujet de notre histoire qui reste à écrire, il est nécessaire de quitter la matrice qui, après avoir été le lieu indispensable à notre développement, devient une prison voire une tombe. Il est urgent de se dégager des enveloppes matricielles verbales et non verbales qu'ont tissées autour de nous nos parents et ceux qui, bien avant nos parents, les ont précédés. La transgression en ce sens permettra de naître. « Quitter la terre de servitude pour aller vers la terre de promesse », c'est le sens que donne Yvan Amar à la Sortie d'Égypte [1]. La culpabilité ne prend pas sa source dans la transgression mais dans l'abandon de la matrice.

Quel que soit le symptôme, le passage à l'acte est une voie (voix) qui se fait entendre et qui nous invite à sortir des matrices successives.

Les deux naissances

Il y a deux naissances — celle par le bas et celle par le haut. Celle par le bas nous donne la vie, celle

1. Yvan Amar, entretien dans *Nouvelles Clés,* août 1994.

par le haut nous rend vivant par l'intermédiaire de la parole.

Comment passer d'un comportement que l'on pourrait qualifier de mammifère — comportement qui obéit aux habitudes de la tribu —, au rang de sujet ? Par la réappropriation subjective de la parole.

Dans notre société, l'analyse, la psychothérapie, toutes techniques de développement personnel, sont des voies de passage. Plus largement, pourrait-on dire, tout chemin où je rencontrerai et reconnaîtrai ma différence, dans la confrontation, par exemple avec un partenaire.

Sans différenciation, pas de parole.

L'écoutant n'est pas là pour comprendre mais pour permettre à celui qui naît à la véritable relation de se comprendre lui-même, d'être dans l'écoute de sa propre parole et de connaître sa capacité à être autrement.

Dénaître comme parlé.

Renaître comme parlant.

C'est un chemin long et souvent douloureux car il nécessite la déconstruction de nos images mentales — c'est le sens du mot *yoga* en sanscrit ; ce n'est pas, comme on le croit souvent une déconstruction de la pensée, mais une déconstruction des images que nous avons fabriquées. Serait-ce là le sens du deuxième commandement : « Tu ne feras pas d'image » ?

La relation, espace nécessaire à l'accession au sujet, n'est pas exclusivement située dans un cadre thérapeutique. Toute relation, conjugale, amicale, parentale, peut produire le même effet à condition que nous reconnaissions l'existence d'un écart de non-connaissance entre les deux personnes. « Aider l'autre à devenir conscient grâce au fait qu'on accepte de ne pas le connaître pour reconnaître avec lui ce qu'il veut bien connaître de lui », c'est ainsi que Marie Balmary définit la cure analytique [1].

Aussi l'analyse n'est-elle pas seulement le lieu où l'on vient nettoyer son passé, c'est surtout un lieu d'apprentissage du lien. Lien qui naît, vit, grandit et meurt pour revivre ailleurs. L'analyse qui vise à délivrer la personne de son passé ne pourra avoir lieu que si le lien avec l'autre est assuré. Le lien, c'est l'entre-deux. Un espace de non-savoir qui est l'espace entre les mots dont Marc-Alain Ouaknin dit qu'il est l'« espace entre l'auteur et le lecteur » : de cet espace surgira, pour peu que le lecteur sorte de sa passivité, un sens nouveau, des sens possibles. De sa relation au texte chacun a le pouvoir de décider du sens. Pour Marc-Alain Ouaknin, dans l'acte de lire se trouve l'acte de guérir, d'où le nom de son dernier livre : *Bibliothérapie* [2].

Thérapeutique, aussi, la relation que nous pouvons avoir avec notre « maître intérieur [3] » qui s'exprime par le biais des rêves et des signes qui n'ont d'autre objet que de nous faire reconnaître cette part de nous qui nous habite et que nous tentons la plupart du temps de nier : notre Ombre. Cette part de nous-même, nous en avons peur. C'est pourtant dans sa reconnaissance que s'enracinera le sujet que nous deviendrons et qui fera que nous

1. Marie Balmary, *Le sacrifice interdit*, Grasset.
2. Marc-Alain Ouaknin, *op. cit.*
3. Christian Charrière, *Le maître d'âme*, Albin Michel.

sortirons des comportements le plus souvent automatiques.

Quel que soit le chemin emprunté pour devenir sujet, il passera par la relation que j'établirai avec l'autre. C'est de cet espace entre l'autre et moi que le JE adviendra. *Je ne suis que le lien que je crée.*

Sous nos répétitions la voix de nos ancêtres

JOSETTE STANKÉ

À travers nous, des générations de souffrances parlent. Nos parents sont des « transparents ». Le problème est que, justement, la transparence nécessaire à une transmission épurée de ce que les Orientaux appellent « karma » fait souvent cruellement défaut.

Actuellement, j'occupe mon temps à écrire et à guérir. Je vis ce que j'écris : la répétition à travers une maladie. Toute *mal-a-dit* est une tentative pour dire l'indicible. Dire l'indicible, voilà justement ce que retient la répétition. Guérir et retrouver la parole exige à peu près le même effort. Il y a toutes sortes de répétitions et de tous ordres. Les premières, dès la naissance et jusqu'à l'âge de deux ans, sont notre principal moyen d'apprentissage. Puis, elles s'élargissent à d'autres niveaux de notre être et de notre existence mais se rejoignent sur un élément de monotonie qui endort nos résistances et nos désarrois.

Leur contenu répétitif crée la familiarité et le connu qui nous sécurisent. Un bébé se sert de schémas répétitifs (battements des bras par exemple) pour se réjouir après un moment d'ennui ou pour retrouver un sentiment de puissance après une expérience d'inefficacité. Nous utilisons des tics et des manies pour nous recentrer sur notre propre corps lorsque nous traversons un moment de passage à vide ou de perte du sens de soi. Une personne qui caresse un animal aimé y perd son agitation, abaisse son rythme cardiaque et diminue sa pression artérielle. Un *mantra* lancinant — un mot mentalement prononcé dans un état de silence — calme la pensée discursive et ramène un sentiment d'unification. Lorsque je nage une brasse régulière durant un certain laps de temps, je me trouve dans un état méditatif qui me lave des obsessions de ma pensée. J'en ressors vivifiée. Le déjeuner dominical, rituel le plus courant, renforce l'atmosphère de convivialité, contribuant ainsi à dédramatiser les situations conflictuelles entre membres d'une même famille. Ce genre de répétition favorise un sentiment de bien-être général tandis qu'il permet d'oublier provisoirement le malaise particulier. Toutes les répétitions de cet ordre s'accompagnent de production d'endorphines dans notre organisme, un neurotransmetteur auquel les spécialistes reconnaissent des effets analgésiques et euphorisants.

Dans ce monde où notre expérience nous place principalement devant le changement et l'éphémère, la rupture que produit la répétition de l'identique est un refuge. Autant il est instinctif de réagir au contraste, à la différence, à la nouveauté et de se sentir dépaysé, menacé, autant la constance du même nous tranquillise et soutient notre besoin de continuité d'existence. Nous y puisons un ancrage et un sentiment de solidité de notre ego qui nous rassure.

Toutes les répétitions n'offrent cependant pas autant de confort. Lorsqu'elles s'entêtent à atteindre un certain but en fonction d'un manque dont nous souffrons, elles nous asservissent. Elles viennent se greffer sur une avidité sans fin et sont vécues comme des passions. On les appelle « dépendances ». Elles concernent à peu près tout : depuis l'amour et le sexe jusqu'à la nourriture et l'alcool, en passant par la drogue, l'approbation, le pouvoir, la possession, l'idéologie, etc. Jamais l'assouvissement momentané de cet esclavage ne satisfait véritablement le manque fondamental qu'il prétend combler.

Une histoire transmise de génération en génération

Ces formes compulsives nous conduisent naturellement vers la répétition que je voudrais tout particulièrement évoquer ici. Une répétition qui répond à une demande inscrite en nous et transmise depuis des générations. Une répétition qui fait son histoire dans la nôtre. Qui ressemble ou s'oppose directement à l'histoire de ceux qui nous ont donné la vie, ces derniers la tenant eux-mêmes de leurs ancêtres. Une répétition sur un message transgénérationnel qui courbe et façonne le cours de nos vies. J'examinerai des bribes de ces redites qui font mal à notre être, bien que leur opposé existe également. Il s'agit d'un mal que nous ne saurons que mal dire puisque c'est la nature même de ce qui est répété. Dans le cas contraire, la répétition n'aurait plus à se mettre en acte. Elle aurait ses mots, nous y verrions clair, nous pourrions suivre sa veine dans le trajet de nos vies et, même si elle continuait d'exister, nous cesserions d'en être affectés.

La répétition entérine le mutisme légué par toute une lignée. Il est logique que nous y soyons réceptifs puisqu'il nous vient de ceux dont nous sommes faits. Parce qu'ils n'en sont pas conscients, nos géniteurs nous transmettent le message sans y prendre garde. À travers l'échange de nos premiers regards, de nos premiers sourires, des mots mêmes de notre langue maternelle passe une histoire parallèle qui pèse sur celle qui se déroule. Ce « sous-texte » s'insère dans notre chair où il se renforce de lui-même avec le temps et la répétition. Il oblige à rencontrer exactement les êtres et les situations nécessaires et suffisants pour réactualiser le message reçu. Les schémas acquis se généralisent dans les situations qui symbolisent ou ressemblent à celles d'origine. Nous reprenons les faits là où ils en sont restés. Nous avons les mêmes traits. Nous disons et taisons le même. Nous agissons même, y voyant les mêmes raisons et les mêmes objectifs. Avec les mêmes types de personnes. En aveugle, nous confirmons sans cesse le même que notre perception sélectionne. Dans l'univers de la répétition, nous n'inventons rien que nous ne sachions déjà depuis des générations.

À l'exemple de la réalité faite d'identique et de contraire, la répétition est tout aussi paradoxale. Même lorsque nous croyons nous développer à l'opposé de ce que sont nos parents, reproduire la contradiction constitue aussi une répétition.

Je m'étais juré de ne pas abuser des autres comme le faisait ma mère lorsqu'elle exigeait qu'ils la délivrent de ses amertumes. Au moindre malaise, elle se lamentait. À l'en croire, personne ne pouvait souffrir autant. Elle se reposait sur son entourage pour être consolée. Moi, je jugeais cet excès irrespectueux, à la fois pour elle-même et pour autrui.

Adulte, j'ai développé l'attitude contraire. Lorsque j'avais de réels soucis, je m'isolais, faisant le silence pour ne pas peser sur les autres. Tout en pensant agir à l'inverse, je répétais en réalité ma mère. J'obligeais les autres à me délaisser comme elle l'avait fait. Je confirmais ma propre conviction : « Personne n'est né pour être là pour moi. » J'entretenais le sentiment d'être une victime et, en même temps, le chagrin et la colère qui l'accompagne. Plus encore, je me faisais moi-même subir ce qui m'avait fait souffrir. Au fond, mon stoïcisme n'était que l'autre pôle de l'apitoiement sur soi de ma mère mais il visait la même fin : attirer l'attention. Pour revenir à un plus juste milieu, je dus traverser cette phase : l'apitoiement que je refoulais.

La répétition est vicieuse : elle dit en même temps qu'elle tait. Elle est tranquille, assurée que nous n'osons ni l'entendre ni la regarder dans les yeux. De manière frontale et sans préparation, la rencontre s'avérerait fatale. Elle jouit donc d'une longévité remarquable. Vécue tour à tour reproduction exacte ou contraire parfait, tandis que nous balayons son étendue dans tous ses possibles, la répétition s'enracine et le message traverse les siècles.

Il n'est pas facile de retourner à l'endroit où celui-ci s'est inscrit pour la première fois parce qu'il remonte à des temps immémoriaux. À tel point qu'il transcende la vie fœtale, la conception, et se cache très loin dans le passé, là où nous ne pouvons pas toujours pousser nos investigations.

Freud se penchait uniquement sur le cas de nos parents pour suivre nos conflits intrapsychiques. Les Chinois, eux, remontent jusqu'à la septième, voire la neuvième génération. Sans cette rétrospective, ils ne sont pas sûrs de ce qu'ils sont. Anne Ancelin-Schutzenberger établit ses génosociogrammes en explorant les grands événements existentiels sur cinq générations. C.G. Jung, lui, étend son regard jusque dans la conscience — l'inconscience — collective. Pour chacun d'entre nous, retrouver ses racines psycho-historiques peut être motif à révélations bouleversantes et autres remises en cause déchirantes qui changent notre regard sur nos vies.

Plus fort que la répétition, l'amour

Lorsque j'acquis ce regard-là sur les quelques générations qui me précèdent et me succèdent, la cause profonde de mes propres répétitions en fut éclairée.

Grand-mère devint tôt orpheline de sa mère. Puis, peu après, de son père. Celui-ci ne mourut pas mais se remaria avec une jeune femme qui voulait « place nette ». La fillette se trouva donc confiée à des parents nourriciers. Lorsqu'elle fut en âge de se marier, l'homme qu'elle aimait lui fit un enfant. Une fille. Ma mère. Ayant espéré un garçon, il la repoussa. À travers sa maternité, grand-mère revécut le rejet dont elle avait souffert de la part de son père.

Leur fille grandit et tomba amoureuse d'un homme — mon père — qui, lui, ne souhaitait pas du tout qu'un intrus accapare sa bien-aimée. Je naquis juste après leur mariage, indésirée dans mon existence même par mon père et dans mon sexe ma mère. Celle-ci, n'étant pas reconnue comme fille, ne pouvait se vivre mère. Elle répétait en cela sa propre mère — ma grand-mère.

Je reçus de ces deux femmes « orphelines » de père, mal à l'aise par rapport à leur sexe, la méconnaissance à la fois de l'homme et de moi-même. Un homme c'était l'inconnu, mais un père c'était l'ennemi. Adulte, je choisis un compagnon élevé par des femmes. Nous eûmes un fils qu'il délaissa comme si cela allait de soi, pour lui comme pour moi. Reproduisant l'histoire de grand-mère, j'élevai donc seule mon enfant, sûre qu'il ne pouvait en être autrement.

Aujourd'hui, mon fils est marié avec une jeune femme qui a toujours été aimée par son père. Ils viennent de mettre au monde un enfant désiré. Quelque chose change. Ma belle-fille sait faire vibrer la fibre paternelle : un père ne lui est pas étranger. De son côté, mon fils ose entreprendre la lutte pour faire en sorte que son penchant l'emporte sur le message de ses ascendants. C'est pour lui l'occasion d'une remise en question profonde où l'amour devrait vaincre la répétition.

C'est parce que la répétition veut se dire et que nous ne l'entendons pas qu'elle cogne jusqu'à faire mal et provoque détresse et révolte. Elle cherche vraisemblablement à forcer notre résistance. Mais comme elle tisse au quotidien sa toile dans la texture de nos êtres, il lui faut, pour nous réveiller, frapper de façon massive. On assiste alors à des crises existentielles où tout ce qui nous est cher — nos amours, notre santé, nos ambitions — s'effiloche et se détruit. Nous avons à traverser ce que la répétition porte en elle de terrible trahison. Qu'elle se soit nommée indésir, abandon, rejet, désintéressement, absence, mauvais traitement, viol, violence ou abus, la répétition exprime un manque essentiel de reconnaissance envers notre vie, notre être tel qu'il est et pas autrement. Il y a cruelle inadéquation entre d'une part les besoins réels de notre existence et l'épanouissement de notre être et d'autre part les réponses que nous recevons du milieu dans lequel nous nous trouvons.

Alors s'inscrit le manque ontologique et sa blessure sur lesquels se greffe un sentiment d'insuffisance personnelle. Nous sommes convaincus de mériter cette souffrance. Dans ces conditions, la blessure se charge de beaucoup plus d'affects qu'elle n'en avait à l'origine. Autour d'elle s'agglomère tout ce que nous allons développer pour la rendre indolore et empêcher qu'elle ne se reproduise. Nous deviendrons un faux *moi,* celui qu'ils veulent. Et leur pire voix deviendra notre surmoi. Nous serons armés d'un arsenal de survie hostile à notre être véritable.

En prendre connaissance par l'intolérable souffrance est le premier tournant du changement. Nous avons été victimes, nous serons bourreaux ! Contre l'injustice se lèvent en nous la colère, la haine, la hargne et nous devenons les pires adversaires des responsables. Ceux du passé et ceux d'aujourd'hui que nous avons, à notre insu, choisi de rencontrer pour continuer la répétition. Les hostilités font rage.

L'ennemi est en nous

La grande trahison, c'est de constater que l'ennemi est en nous. Nous nous infligeons exactement ce que nous avons subi et subissons de plus blessant, de plus humiliant et de plus injuste. Nous assurons nous-mêmes la fatalité du message. Lorsque nous sommes face à l'insoutenable de la révélation, il nous faut cette révolte monstrueuse pour nous garder debout. Pour évaluer l'énergie perdue à nous battre contre les autres parce que nous ne savons pas encore nous battre pour nous.

La trahison que je reçus fut l'indésir de ma vie. Je lui attachai la « mal-a-dit » du souffle. « Je ne veux pas respirer parce qu'il va me falloir pleurer », furent les mots de naissance retrouvés au cours d'une expérience de *rebirth.* Lorsque grand-mère recueillit mon existence indésirée, je respirai et pleurai librement. Elle éprouva les premiers symptômes d'une grave maladie alors que j'avais deux ans et demi. Je pris alors la décision de ne plus pleurer puisque le pire revenait. Je respirai pour vivre. J'en avais fini avec les larmes afin de résister à la trahison.

Grand-mère avait du cœur et c'est de lui qu'elle mourut. La trahison s'ancrait. Je respirais sans dire mot, sans un cri, sans un sanglot. Je me gardais de mourir. Après, ce seront des redites et la « mal-a-dit physique ». À la mort de l'ami, au moment de l'adolescence : la tuberculose. À la mi-vie, à la mort de l'amie : l'asthme. Plus jamais de larmes. Tandis que je soulèverai couche après couche la trahison, la maladie deviendra mon interlocutrice. Elle exprimera ce que ma vie trouve d'obstacles à se désirer elle-même. Chaque strate, plus primaire et plus brute que la précédente, me rapprochera un peu plus de la mort. Ou de la renaissance. Parce qu'il me fallut choisir et soutenir ma vie contre mes propres trahisons.

Le grand retournement

Il faut vouloir de toutes nos forces recevoir notre propre vérité pour que la prise de connaissance de l'autotrahison devienne le retournement définitif. Aller plus loin que la répétition n'est ni facile ni direct. C'est une recherche subjective pour laquelle il existe peu de techniques définies. Elle a lieu à travers un regard autre, à la fois vif et courageux, intense et sans œillère, qui cherche à voir clair en ce qui se vit en nous. Et dans une présence intérieure qui pense et sent « avec » la réalité de la répétition et qui suit jusqu'à notre participation à sa trahison. Si nous adoptons cette position qui accueille sans exclusion ce qui se découvre, nous pouvons prendre appui sur chaque petite vérité dévoilée qui nous donne la certitude d'être bien davantage que l'accomplissement d'un message des générations précédentes.

Notre rapport nouveau avec l'univers de la répétition, qui nous fait toucher ce qui ne s'est pas réalisé ou ne s'est jamais dit de notre être, soulève nos résistances et nos ouvertures. Doucement, une autre parole survient. Celle qui nous relie différemment aux autres en nous, à nos parents, à nos ancêtres, de qui nous tenons le message, et à nos intimes avec lesquels nous remettons celui-ci en scène.

Aucun d'entre nous ne peut plus être que bourreau ou victime. Si nous le sommes, c'est avant tout de nous-même et nous sommes responsable de le demeurer. Non pas coupable, mais responsable. Nous possédons les moyens de nous transformer en assumant, sans plus lui être irrémédiablement soudés ou hermétiquement fermés, notre histoire, celle de nos ancêtres, sans en être totalement dépendant. C'est par notre parole retrouvée que nous devenons ce que nous sommes en présence de ce qui est. La trahison a desservi notre vie pour mieux la servir un jour. Sous le mutisme qui favorisait l'empreinte et l'emprise du message se trouvaient enfouies les parties les plus vives de notre être. Les mettre au grand jour ne peut se réaliser que par l'entremise de l'amour.

Le pardon, une immense illusion ?

DR FRANÇOISE RODARY
ET JACQUES SALOMÉ

Les filets du ressentiment, les murs de la rancœur et de la pseudo-compréhension ; les alibis que nous construisons nous rendent sourds et aveugles, nous paralysent.

« Je lui avais pardonné » me dit Angèle, cette femme bientôt octogénaire, en évoquant, avec combien d'émotion, les blessures reçues de son père dans l'enfance et engrangées durant tant et tant d'années par son corps, niées aussi dans toute sa vie relationnelle.

« Oui... Mais c'est quoi alors pour vous, pardonner ?

— Eh bien, j'ai surtout essayé d'oublier... de faire comme si ce qui s'était passé n'existait plus en moi... je me suis arrangée pour ne plus jamais en parler. »

Nous l'avons entendu, dans ce court échange, tout passe par ce « pardon-là », comme si renonçant à être entendue, comprise, cette personne lâchait son ressentiment pour être plus quitte avec elle-même... qu'avec l'autre !

Cette femme s'est ainsi réduite au silence en « pardonnant ».

Le pardon ou l'oubli ?

Oui, mais voilà... Soixante-cinq ans plus tard, rien n'est oublié, tout est encore là, car le corps a une redoutable mémoire intemporelle. Comme c'est bon, pour elle, de pouvoir enfin partager cela, de pouvoir se dire en étant entendue, de pouvoir déposer un peu de ce qui l'oppresse. Malgré le « pardon », cette femme constate que la blessure reste inscrite dans sa vie, dans son corps, dans ses relations les plus proches, inscrite aussi dans ses propres silences, si pesants, qu'elle garde comme un poids insupportable dans sa poitrine (elle a des douleurs coronariennes), dans sa vie conjugale maintenant « terminée » par le décès du conjoint. Elle nous dira aussi comment elle s'est accrochée à une « foi religieuse » qui lui a permis de « traverser sa vie sexuelle les yeux fermés », « sans rien ressentir de mauvais ou de bon ». Comment sa culture lui « demandait d'oublier, de pardonner ou de « comprendre »... et donc d'excuser.

Aujourd'hui, elle écoute enfin et entend son corps meurtri, malade, crispé, sous le massage qui la détend, d'où les douleurs s'échappent, se diluent. Oui... quand s'estompent les maux, remontent, de très loin, les mots oubliés, les images et les émotions qui s'y rattachent.

Elle lit cette phrase affichée dans mon bureau : « Le médecin soigne mais c'est le malade qui guérit. » Elle en est bouleversée ! Aurait-elle donc une part de responsabilité dans la guidance de sa vie, de ses soins, de sa guérison ? Pourrait-elle trouver un autre mode de vie que celui de subir, d'accepter sans se plaindre ?

« J'ai subi toute ma vie, dit-elle. J'ai tout accepté pour ne pas faire de la peine...

— Oui, et aujourd'hui, peut-être pourriez-vous décider de ne plus subir ?

— Oh ! à mon âge ! répond-elle, un peu songeuse, comme si c'était déjà trop tard.

— Qu'importe l'âge ! Vous pouvez subir ou ne pas subir votre voisine, votre aide-ménagère, vos enfants, les spécialistes qui vous conseillent... moi aussi par exemple. Vous existez ! »

Lentement, à son rythme, le souffle plus profond, elle chemine. Et, comme un fruit mûr, les blessures, l'une après l'autre, viennent au soleil des mots. « Celui qui fait la vérité vient à la lumière. »

Oui : elle vient doucement à sa propre lumière. Je l'écoute et l'accueille... mais, surtout, elle s'écoute et s'accueille elle-même, avec ses meurtrissures, sa honte, son silence enfermé depuis si longtemps, ses ruminations mâchées et remâchées jamais avalées.

Et parallèlement, son corps s'allège et se mobilise. Son discours cesse d'être plaintes, apitoiement sur elle-même, sur la vie. Elle sort du personnage de victime de son père, du mari, de sa famille, des médecins et de la maladie. Elle sort du « tout ça c'est " Dieu " qui me l'envoie... pour souffrir avec lui... » Il m'a même fallu une fois me mettre en colère : « Alors je sers à quoi, moi, si " Dieu " vous envoie tout cela ? Eh bien, moi, je ne suis pas en accord avec votre " Dieu " ! Moi, j'ai deux envies :

envie que vous n'ayez plus mal et envie de vous soigner pour que vous puissiez, vous, vous guérir »... Et faire ainsi qu'elle retrouve en elle le pouvoir thérapeutique qui habite chacun.

Elle ose enfin exister en franchissant le mur du silence, en se reconnaissant avec cette histoire-là, celle d'une ex-enfant blessée. En osant entrer en relation avec cette partie d'elle-même que, depuis si longtemps, elle avait cru pouvoir enfermer dans l'oubli, à grands renforts de contractures musculaires, de blocages, d'oppressions physiques et de somatisations diverses et abondantes.

Combien de femmes, d'hommes, d'ex-enfants, pensent qu'en pardonnant une violence, une injustice, une humiliation reçue, ils se sont ainsi fait justice à eux-mêmes. Combien sont persuadés qu'ils réparent ainsi le mal qui leur a été fait ! Il faut rappeler peut-être qu'on ne doit pas confondre trois termes importants : *violence reçue ; blessure ouverte ou réveillée par la violence reçue ; souffrance produite découlant du réveil de la blessure.*

Sortir de l'oubli

Pardonner, dans une définition déjà entendue, voudrait dire : « Donner au-delà de... » Oui, cela peut être très généreux. Mais cela ne dit pas ce que je fais de la violence reçue et de la blessure réveillée et qui tente de se dire avec de la souffrance. Donner au-delà de... quoi ? Et que vais-je faire de ce « quoi » ? L'enfermer dans l'oubli ?

Pour soigner la blessure, il me faudra la sortir de l'oubli. Il me faudra la retrouver, la réintégrer en moi-même, avec mon ressenti, avec mes émotions à partir de la violence reçue.

Il me faudra renoncer à ce que j'ai mis en place dans mon corps, dans ma vie, dans mes relations, pour pouvoir survivre malgré cette blessure. Renoncer à y épuiser mon énergie et surtout accepter de relancer dans le grand circuit de la vie cette masse d'énergie bloquée autour des blessures inachevées de mon histoire...

Me guérir moi-même avant de guérir la relation... Centrer la lumière sur moi, sur mon histoire, sur mes ressentis... et non plus sur l'autre et sur les événements venant de lui par lesquels j'ai été blessé(e). Prendre soin de moi, car c'est bien à ce niveau, celui de mon vécu, que j'ai le plus besoin d'être entendu(e), et accueilli(e). Pour ensuite soigner la relation blessée.

Ainsi, dans l'exemple d'Angèle, elle va pouvoir renouer une relation avec son père, même outre-tombe. Nous lui avons proposé de symboliser sa demande d'être entendue par lui : écrire. Écrire à ce père, aimé et haï, enterré depuis des décennies :

« Papa, je ne sais si tu m'entends, si tu me vois t'écrire aujourd'hui, mais c'est important pour moi d'oser enfin te parler vrai. Vital de te dire tout ce que j'ai ressenti dans mon cœur et dans mon corps lorsque, enfant, auprès de toi, j'ai reçu tant de violences et d'incompréhension dont les traces me font encore souffrir aujourd'hui... »

Nous proposons ainsi une démarche symbolique essentielle. À la fois « rendre, restituer, remettre » à l'autre la violence venant de lui, et aussi mettre en mots. Nommer ce qui s'est passé à notre bout de la relation, dans l'intime du vécu de l'époque où s'est passé l'événement.

C'est pour cela que nous pensons que le pardon risque d'être une démarche ambiguë dans le sens où je soigne, répare l'autre « de m'avoir fait du mal ». Avec le pardon, je lui donne *quitus* de sa violence, de ses maladresses, ou même de son inconscience. Et je fais ainsi l'économie de réparer et de soigner ce qui a été meurtri, blessé, violenté en moi.

Tout un système de valeurs est à remettre en question. Ne pas oublier, ne pas faire semblant, ne pas faire comme si ça n'avait pas existé, ne pas pardonner dans le sens où il s'agirait de « donner » ce que nous n'avons pas reçu, sans s'occuper de la violence reçue, de nos manques, de nos attentes ou de nos besoins.

Nous invitons à soigner une relation blessée de soi. La santé d'une relation ne suppose-t-elle pas aussi de savoir offrir, inviter, proposer, demander, refuser, accueillir, recevoir ? Plus simple serait de dire « entrer de nouveau en relation » avec soi-même, avec autrui. De rétablir la communication en s'appuyant sur la réalité des faits, des ressentis, des souffrances vécues. Non plus « au-delà de », mais bien plutôt « au cœur de », « au travers de ». Car il s'agit bien d'une traversée.

L'autre intérêt de cette démarche d'« entrer à nouveau en relation » serait d'ouvrir et de débarrasser les canaux relationnels des pollutions qui les encombrent, et cela peut se faire par les deux bouts ! Il n'y a plus un offenseur et un offensé, un pardonneur et un pardonné, mais deux êtres qui se cherchent et qui tentent de se rejoindre, armés de leur seule nudité : celle de leurs ressentis, de leurs désirs et de leurs peurs de se rapprocher. Deux êtres face à leur responsabilité dans tout ce qui leur advient. Le difficile, c'est que la démarche est rarement le fait des deux. Elle est amorcée par l'un, en général le blessé ou le violenté, qui s'adresse au blessant pour lui faire entendre son vécu à lui et les traces de ce vécu.

Nous le savons bien, toute démarche de changement est asymétrique, rarement concomitante, avec des degrés de réciprocité très aléatoires. Avec ce risque énorme, pour celui qui tente la démarche de clarification, de n'être pas accueilli, entendu, ni même reconnu.

L'impasse du pardon est là : je ne prends pas le risque de me confronter à la non-écoute, à l'aveuglement et même parfois à la répétition, des années après, de l'incompréhension ou de l'injustice proposée par celui qui m'a blessé.

Mais je peux aussi décider d'oser ce risque-là, et il se peut alors que des possibles inespérés s'ouvrent, comme a pu en témoigner cette femme.

Les cuirasses relationnelles

« Armée de toute ma défensivité pour masquer la nudité de mes ressentis, que de cuirasses il m'aura fallu lâcher pour entrer dans cette démarche-là avec une de mes filles !

Cuirasse d'une position de mère victime offensée.

Cuirasse de la souffrance entretenue quand je

me laissais écraser sous les coups de boutoir sans ménagement de sa vie explosive.

Cuirasse de ma fonction maternelle où je m'inventais des responsabilités là où je n'en avais pas... car c'étaient les siennes.

Cuirasse de ma peur d'être détruite qui me rendait imperméable à ses besoins et sourde aux messages de sa propre détresse.

Cuirasse, surtout, de ma colère et de mes ressentiments, liés à des déceptions quand mes désirs sur elle n'étaient pas comblés.

Cuirasse de mon rejet, de mon intolérance, sous couvert d'une autre cuirasse : celle d'une mère " libérale " qui " donne " à sa fille son indépendance, sa " liberté ". Avant de pardonner, il m'a fallu lâcher, lâcher les cuirasses, les défenses, les alibis, pour entrer d'abord en relation avec moi-même.

Pour laisser jaillir une parole mienne, pour oser me tenir debout, me relever, ne pas prendre sur moi les assauts répétés de sa violence.

Rester debout, exister devant elle, même si dans un premier temps, cela a décuplé son agressivité. Rester ferme. Rester moi.

Écouter et lui laisser la responsabilité de ses ressentis, de ses émotions, de ses peurs, de ses colères de ses exigences.

Ne plus chercher et accepter de renoncer à être pour elle la source de sa vie... même si elle me le demande avec tant de violence.

Ne plus chercher à me justifier, mais me confirmer : " Oui, j'ai été cette mère-là " à ce moment-là de ma vie de femme, d'épouse.

Accepter qu'elle remette chez moi ce qui est à moi et le reconnaître comme mien.

Entendre son cheminement, ses tâtonnements comme étant les siens.

Entrer dans la disponibilité pour entendre, au-delà des accusations, des reproches et des mises en cause, ses propres blessures à elle, l'écouter, laisser se raviver les souvenirs, accepter de laisser remonter chez elle les événements parfois infimes qui l'ont marquée.

Enfin, sur mon initiative reprendre ce qui est à moi et que j'avais déposé en elle, accompagner ainsi son propre mouvement à “ remettre chez moi ”.

Qu'ai-je ainsi repris qui m'appartenait ?

En premier et surtout une parole terrible prononcée sur elle à partir d'une immense confusion relationnelle que j'ai mise en place dès le jour de sa naissance, en disant à mon mari : “ Ce dont elle aura le plus besoin, c'est que nous nous aimions. ” J'avais ainsi tenté de le lier lui à moi pour toujours, à travers elle !

Symboliser ce mouvement de reprendre ce qui est à moi, et différencier mes sentiments de ceux de son père ? Pour cela, j'ai choisi une boîte et j'ai placé dedans des petits papiers où j'écrivais ce que je reprenais au fur et à mesure d'un long échange où je me suis surprise à enfin oser reconnaître et dire mes ressentis, mes peurs, mes blocages, mes désirs, mes avancées... Où je me suis surprise à être bien avec elle, dans un échange apaisé au cours duquel c'était bon d'évoquer enfin les mêmes événements dans la différence des souvenirs et des ressentis.

Je ne savais plus qui était l'offenseur et qui était l'offensée, qui était le pardonneur et qui était pardonnée. Je sais aujourd'hui que la communication orale se fait à nouveau, légère, fluide, personnalisée et que c'est bon, très bon. Le rire, le léger, l'humour, le sourire sont de retour ! J'en viens à croire surtout que c'est son enfance qui est guérie, un peu de la mienne aussi, peut-être. Il aura fallu dix ans », nous dira cette mère. Oui, il en faudra, des démarches pour ne pas tomber dans les pièges du pardon !

Me dépouiller de mes cuirasses de protection, soigner ma relation à moi-même, soigner la relation blessée, oser dire la blessure, prendre le risque d'une parole mienne, oser l'offrir à l'écoute de l'autre. Prendre le risque d'écouter l'autre dans sa parole... Tout ce long mouvement, c'est le sens que je mettrais sous ce mot de « pardon ». Mais je préfère ne plus l'employer du tout tant il est galvaudé, malmené, et j'oserais dire, trahi. Tant il est devenu réducteur.

Il y a comme cela des mots feu, trop brûlants, que je préfère rayer, par prudence, de mon vocabulaire habituel, tant les réalités qu'ils recouvrent peuvent être entendues en même temps dans leur sens ou son contraire.

La faille nécessaire

Ainsi du verbe aimer et du mot amour, du mot confiance et du mot abandon. Ainsi du verbe pardonner et du mot pardon. Mais parfois, jours de soleil, je me surprends à sortir des habitudes anciennes... à inventer une autre façon d'entrer en relation.

Tout un cheminement... Encore faut-il l'entreprendre, entrevoir qu'il est possible !

Et quand nous sommes dans nos aveuglements, nous ne le voyons pas, nous ne l'imaginons même pas. Les filets du ressentiment, les murs de la rancœur ou de la pseudo-compréhension, les alibis du « il vaut mieux oublier... » que nous nous construisons, nous rendent sourds et aveugles, nous paralysent, nous enferment dans un comportement répétitif où nous manquons cruellement d'imagination.

Alors, pour nous mettre en route sur ce long chemin, il faudra bien une faille dans nos solides systèmes de protection, une ouverture.

Elle pourra venir d'une parole, d'une présence, d'une écoute, de bras ouverts, où chacun sera reconnu plus loin que ses défenses, où il sera appelé par son nom, invité à entendre le vivant qui l'habite, même s'il est recouvert de béton et de boue.

Elle pourra venir d'un poème ou d'un sourire. Venu le rejoindre au plus vibrant, chant d'oiseau dans la neige d'hiver. Brèche ouverte par la tendresse d'un regard, par le soleil d'un amour. Alors s'éclatent les écorces dans le oui du recevoir.

Les mots et les silences

Il m'arrive parfois de croire les mots si pauvres,
si insuffisants que je doute d'eux.
Il m'arrive aussi de perdre l'enthousiasme,
de douter
et même de désespérer,
d'être un jour réellement entendu.
Il m'arrive bien sûr de refuser, de rejeter
et parfois de juger l'inacceptable
qui me semble venir de l'autre,
quand c'est mon intolérance, ma détresse,
ma vulnérabilité qui se cachent derrière.

Alors je rêve de mots silencieux,
de rires instantanés, de sourires et de gestes.
J'imagine une langue musicale, immédiate
pour créer le miracle d'une mise en commun.
Non pour tout accepter,
mais pour oser tout recevoir.
Quand je nous sais ciel étoilé,
je n'ai d'autres prétentions à offrir
que ce souffle de vie qui m'habite
et me revient sans frontière.

Il y a aussi en moi des vigilances et des exigences
apprises dans les solitudes pleines de ma vie.
Quand j'accepte cela, la paix resplendit.

Jacques Salomé

Le défi de l'intimité

GUY CORNEAU

Là aussi tout a changé et rien n'a changé : l'évolution de la place de la femme dans la société n'a pas été suivie d'une métamorphose du vieux fonds patriarcal, d'où ruptures et cassures en série. Un nouveau paradigme est à inventer.

Je présente dans ce texte quelques réflexions sur la crise des couples modernes. Je désire faire ressortir que non seulement la crise était inévitable mais qu'elle était aussi profondément souhaitable pour en arriver à réinventer l'intimité entre hommes et femmes. La création de cette nouvelle intimité me semble un défi crucial pour l'humanité qui vient.

Être deux pour faire un... mais lequel ?

Disons d'abord que l'intimité entre les hommes et les femmes n'a jamais vraiment existé. Nous ne sommes pas en situation d'échec par rapport à des siècles de couples qui ont réussi à durer. Les couples passés étaient très différents des nôtres et l'intimité n'y représentait pas un enjeu central. Il n'y a pas longtemps que l'on se marie par amour et encore moins longtemps que l'on tente de rester ensemble par amour. Nos grands-parents et arrière-grands-parents se sont souvent mariés pour des raisons de sécurité économique, de statut social ou pour fonder une famille. Ils demeuraient souvent ensemble pour que l'Église et les voisins ne les montrent pas du doigt. Pour nos parents, le devoir d'intimité ne faisait pas partie de la liste des devoirs conjugaux, ni entre eux ni, d'ailleurs, avec les enfants. Dans les meilleurs cas, ils parvenaient à l'intimité sur le tard à force d'usure.

Plus important encore, dans le couple traditionnel, la paix domestique reposait sur le sacrifice d'une personne au profit de l'autre. En général, la femme sacrifiait sa carrière, ses goûts et ses envies au profit de ceux de son mari. À partir du moment où les femmes ont refusé cet état de fait et qu'elles ont tenu à affirmer qu'elles existaient elles aussi, les problèmes du couple ont commencé. En réalité, nous n'avons pas de modèles historiques de la façon de vivre à deux en étant chacun une personne complète et autonome. Voilà pourquoi nos couples échouent lamentablement.

Les difficultés profondes que la plupart des unions traversent nous invitent à créer une intimité amoureuse qui repose sur l'égalité entre hommes et femmes. La tâche est ardue car l'égalité remet en question les territoires traditionnels et les points d'ancrage habituels des identités masculine et féminine. D'une part, elle signifie que les hommes doivent lâcher du pouvoir social, politique et familial, et cesser de se voir essentiellement comme des pourvoyeurs. D'autre part, elle invite les femmes à laisser de la place à l'homme dans la maison et à cesser de s'affirmer comme les seules spécialistes du couple et des sentiments.

Le couple est devenu un champ de bataille

Il fallait s'y attendre. Le conflit entre les hommes et les femmes s'enracine dans l'organisation du pouvoir au sein de ce qu'il est convenu d'appeler le patriarcat, c'est-à-dire une société où les valeurs du *pater* prédominent. Le couple allait forcément devenir le théâtre par excellence d'un règlement de comptes entre les sexes. Mais il serait illusoire de penser régler ce contentieux de façon simpliste en instituant des bons d'un côté et des méchants de l'autre. L'arrêt de la guerre nécessite de se rendre compte que le patriarcat n'a pas seulement opprimé les femmes mais qu'il a aussi aliéné les hommes d'une large partie d'eux-mêmes en leur proposant le modèle d'un être dur et stéréotypé qui ne sait pas communiquer ce qu'il ressent. Et force est de constater que ce modèle n'affecte pas seulement la gent masculine. De nombreuses femmes se font prendre au jeu de la dureté en tentant de se faire une place dans le monde des mâles. Pour chacun et chacune, la terrible loi du monde patriarcal demeure la même : coupe-toi de tes émotions et de tes sentiments si tu veux survivre !

Le couple risque en fait de demeurer impossible tant qu'un tel esprit régnera dans nos sociétés. La masculinité patriarcale se construit sur l'amputation du cœur et du corps. Elle s'établit sur la répression de la sensibilité et de la sensualité, et sur le blocage de l'expression spontanée des sentiments. Elle propose comme remède à tous les maux la domination d'une raison abstraite qui impose sa loi à tous les registres de l'être. C'est notre participation à tous, hommes et femmes, à ce mythe collectif qui nous éloigne de plus en plus de la vie et de toute possibilité d'intimité avec le monde et les êtres qui nous entourent.

Car le patriarcat représente bien plus qu'une organisation du pouvoir social et politique. Il n'existe pas de façon abstraite et indépendante de nous. Il existe d'abord et avant tout en nous. Par exemple, nous gérons nos émotions et nos pensées selon ses diktats lorsque nous donnons la préférence au travail plutôt qu'au plaisir, lorsque le devoir extérieur passe toujours avant les valeurs affectives. Le triomphe des valeurs masculines dans notre civilisation ne signifie pas seulement oppression des femmes par les hommes, il veut dire également la séparation entre spiritualité et sexualité, entre individualité et collectivité, entre cœur et raison, entre éternité et moment présent.

Le patriarcat nous a jetés dans une effroyable division qui représente une blessure intime pour chaque homme et chaque femme.

L'esprit de sérieux, une maladie de civilisation

La crise des couples témoigne donc de cette impasse sociale et psychologique. Il y va de notre façon même de concevoir et de définir le monde dans lequel nous vivons et les rapports que nous entretenons avec lui.

Notre manière de voir ne semble produire que de la distance. L'intimité avec la vie nous effraie. Tout ce qui est vivant nous dérange : un vieillard qui prend trop de temps à monter dans un bus, un fou qui chante dans la rue, un enfant turbulent au restaurant, quelqu'un qui pleure ou qui rit trop fort dans un lieu public. Nous désirons des vies qui seraient des lignes droites. Il n'y a plus de temps pour s'amuser et pour batifoler. Il n'y a plus de temps pour s'aimer, pour poétiser... C'est le triomphe de l'esprit de sérieux jusque dans la chambre à coucher.

Il faut pourtant se rendre compte que l'amour demande du temps. Il naît dans le temps qui n'est pas occupé à produire quelque chose. Nous faisons l'amour véritablement quand nous avons le temps. Le fait que nos agendas se remplissent à craquer de choses à faire et que nous acceptions cet état de fait est le plus bel exemple de notre asservissement inconscient aux valeurs patriarcales. L'esprit masculin, lorsqu'il est laissé à lui-même, mène le corps et l'âme comme s'ils étaient des machines et les essouffle sans merci. Cette sécheresse de la raison emballée par ses découvertes, cette surchauffe des cerveaux à laquelle manque l'humidité féminine, est la pathologie du patriarcat. L'immense frousse qui tient les hommes et les femmes loin de l'intimité s'avère fondamentalement une maladie de civilisation.

Une spiritualité incarnée

Cette maladie est importante, elle peut être salvatrice. Le mot « crise » en chinois signifie à la fois danger et opportunité. Chaque couple peut donc se servir de la crise pour se détruire ou pour changer. Mais le changement n'est pas facile lorsque aucun cadre social ou religieux ne fixe le modèle d'avance. Comment trouver un appui qui aide à dépasser la querelle de pouvoir inhérente au couple traditionnel ? La crise d'un couple invite chacun des partenaires à revenir sur lui-même et sur les valeurs qui guident sa vie car il n'y a pas d'intimité avec l'autre sans intimité avec soi-même. Lorsque les raisons traditionnelles du fait de rester ensemble ne tiennent plus, il reste une seule alternative : le couple comme lieu de découverte et de travail sur soi.

Ce travail d'approfondissement de l'intériorité débouche presque sans exception sur la dimension spirituelle. *En réalité, je crois que le moment de turbulence que nous traversons ne s'arrêtera pas tant que la spiritualité ne sera pas redéfinie au sein de notre société.* Sur ce point, le ménage est loin d'être fait puisque la plupart des spiritualités ancestrales auxquelles nous avons recours pour vivifier nos pratiques religieuses souffrent de la même blessure patriarcale que le christianisme et séparent encore sexualité et spiritualité. Le couple devient ainsi le lieu d'une expérience nouvelle et essentielle qui permettra à toute la richesse de l'expérience féminine d'avoir sa place dans le domaine de l'Esprit. Il s'agit ni plus ni moins que de tenter de conjuguer les plaisirs de la chair avec ceux de l'âme.

À mon sens, un couple peut exister s'il ne se centre pas égoïstement sur lui-même et s'il se reconnaît un but plus grand. Il peut s'agir de l'ouverture à une dimension spirituelle qui ne repose pas sur la répression du corps et de la sexualité mais fondée sur une recherche *incarnée* de notre identité première que nous pourrions appeler « Dieu ». Le couple véritable consiste en la tentative de participer, par le mouvement amoureux, à l'essence même de la création, qui est elle-même explosion d'amour et jubilation extatique à travers mille formes et un foisonnement infini.

Cette intimité nous ouvre. Et, en nous ouvrant, elle révèle nos résistances, une à une, nous montrant sans cesse nos limites. Alors il n'y a rien de plus précieux qu'un compagnon ou qu'une compagne de route pour nous aider à accepter ou à dépasser nos résistances profondes, pour nous aider à dire simplement : « Oui ! oui, je veux aimer et manifester de l'amour autour de moi et je reconnais là l'essence même de mon être et de mon bonheur. »

Aimer au risque de vivre

AGNÈS FAVARD

L'amour est la grande affaire de l'humanité : dommage que nous l'ayons oublié, car toutes les solutions à nos maux peuvent s'y trouver ! À nous de jouer !

Je voudrais partager [1] avec vous quelques réflexions sur l'amour. Or ce qui me vient, immédiatement, quand est prononcé ce mot « amour », c'est que nous sommes là devant quelque chose de si fort, de si profondément radical, qu'il y a une sorte de suspens qui d'emblée s'installe, une certaine forme de pudeur, comme si nous étions — et nous le sommes ! — à l'orée du mystère, à la porte du temple, au bord de la rivière sacrée.

Nous sentons bien que tout ce que nous pouvons dire sur l'amour, ce n'est pas l'amour. Qu'en aucun cas l'amour ne peut être réduit à une quelconque parole. L'écrivain Christian Bobin exprime bien

1. Communication extraite du troisième colloque interdisciplinaire de l'ITREC, « L'Amour et le Sacré », Paris, 11 et 12 juin 1994.

cela quand il dit : « Ce qui éclaire notre vie, ce n'est rien que l'on puisse dire ou tenir. Ce que l'on dit se tait. Ce que l'on tient se perd. »

Cependant, nous en parlons, bien sûr ! L'amour nous questionne et c'est une sorte de vertige qui nous emmène au plus loin, au plus profond de nous. L'amour vient creuser à l'infini l'unique et singulière question que nous posons au monde. Il faudrait, au fond, renoncer à toute question pour entrer dans l'épaisseur du mystère. « L'amour est savouré mais son essence demeure incomprise », nous dit Ibn Arabi. Que pouvons-nous comprendre en effet de l'amour avec notre seule raison ? À travers nos seules catégories psychologiques ? Comment aborder l'amour alors même qu'il nous place au bord du silence, aux rives de l'indicible, alors qu'il touche en nous ce qui est au centre, au noyau. Et au centre, au noyau, c'est toujours du silence. L'Être y est silencieux...

Aussi, plutôt que d'en dérouler les mécanismes existentiels, je voudrais tenter de faire une sorte d'évocation poétique de l'amour. Je crois profondément au pouvoir de la parole poétique. Cette parole vivante vient nous caresser l'âme. Elle y distille une abondance de sonorités, de parfums, de nuances, d'échos qui appellent à la profondeur.

La parole de certains poètes et mystiques est une parole qui nous simplifie. C'est une parole qui nous dépouille de ce qui est superflu, qui nous décape. C'est comme une eau vive qui vient nous laver de nos scories mentales. N'est-ce pas d'ailleurs la véritable vocation de la parole que d'être purificatrice pour s'être elle-même purifiée ? Alors, essayons de porter un regard simple, je veux dire simplifié, sur cette incroyable force de l'amour qui parfois nous étreint et peut revêtir de multiples formes dans nos vies.

C'est à travers la rencontre de l'homme et de la femme que je voudrais particulièrement l'évoquer car elle est, plus que toute autre, l'illustration existentielle d'un processus essentiel qui est l'union de l'âme humaine avec le feu divin.

Et c'est toujours l'unique histoire de l'Amant et de l'Aimée que nous portons à l'intérieur de nous comme une terre promise et qui va s'inscrire jusque dans notre chair puisque c'est notre corps lui-même qui est l'instrument de cette union amoureuse.

L'Amant et l'Aimée

Voilà l'Éros, puissance primordiale d'union et de liaison, qui nous saisit et ravive en profondeur, à travers notre désir pour l'« autre » une soif essentielle, une soif d'être. « C'est une énergie qui attire l'être tout entier vers son origine divine » (Ibn Arabi).

D'emblée tout est posé : nous ne pouvons regarder l'amour qu'en le situant immédiatement dans une dimension sacrée. Et cela parce qu'il contient par nature la puissance même de la création, cette qualité d'abondance illimitée capable de restaurer dans l'intime de notre âme l'évidence de notre unité fondamentale. Et au fond, goûter à l'amour c'est s'exposer dans son être, c'est risquer de réveiller, de rendre plus sensible cette soif d'Unité qui, plus ou moins, sommeille au profond de notre âme...

L'amour, d'abord, il nous arrive. Il arrive même qu'il nous fasse signe. « Quand l'amour vous fait signe, suivez-le, bien que ses voies soient rudes et escarpées. Et lorsque ses ailes vous enveloppent, cédez-lui, bien que l'épée cachée dans son pennage puisse vous blesser. Et lorsqu'il vous parle, croyez en lui, bien que sa voix puisse briser vos rêves comme le vent du nord saccage vos jardins » (Khalil Gibran). Voilà qu'il y a rencontre. C'est souvent une première rencontre où, à notre insu, tout est déjà là, contenu, en promesse, dans un seul regard, un seul geste. Rainer Maria Rilke parle de la « puissance miraculeuse » de la première rencontre. C'est comme si tout vibrait à une octave supérieure, d'une façon accrue, intense. Soudain, il y a une qualité de légèreté dans l'air, une qualité de clarté dans la lumière, auxquelles nous devenons sensibles. Et toutes les parts de nous-même qui pouvaient être distraites, lointaines, retirées, viennent tout à coup se rassembler, s'unir en un point unique.

Et c'est un éblouissement. C'est déjà l'irruption de plain-pied du sacré dans notre vie. C'est de l'ordre d'une révélation, d'un secret enfin délivré. Vous l'avez reconnu(e). C'est lui, c'est elle ! Pour la première fois vous l'avez regardé(e) et vous l'avez vu(e) comme du soleil, vous l'avez vu(e) constellé(e) d'un scintillement particulier.

Vous êtes ému dans vos sens et plus encore profondément troublé dans votre âme. Ce que vous ne savez pas encore, peut-être, c'est que cette lumière exhalée au-dehors et que vous avez reconnue, c'est l'émanation même de la lumière de votre être.

L'espace de l'amour

Mais qu'importe, c'est bien ainsi puisqu'en nous révélant cette lumière par le dehors, la vie nous donne de l'éveiller, de la faire croître par le dedans. C'est assez remarquable, d'ailleurs, que nous prêtions très souvent à l'être aimé des qualités particulières qui sont celles-là mêmes qui cherchent un chemin pour s'épanouir dans notre âme.

Ce que nous avons vu en l'autre réveille la même qualité à l'intérieur de nous. N'est-il pas extraordinaire que, à travers un être inconnu, nous puissions précisément re-connaître, fût-ce inconsciemment, ce qui appelle le plus à l'intérieur de nous ?

Il y a donc cet « espace » de la rencontre qui est comme transformé, où l'on peut avoir l'impression d'être soulevé, porté, allégé par une sorte de grâce. Et puis il y a le « temps », aussi, qui est transformé. On peut se sentir tout entier aspiré dans un temps vertical, un présent fulgurant qui vient comme ouvrir, libérer une sensation d'éternité.

Voilà, nous sommes amoureux, nous sommes foudroyés d'amour, nous voudrions le dire au monde entier, dans toutes les langues, nous le chantons : « Je suis dans l'amour de toi, mon bien-aimé. Tu m'es révélé comme une brisure du temps, comme un souffle qui m'emporte au-delà des sensations déjà connues de ma vie. Je voudrais l'eau vive de ta présence pour renouveler ma force et ma joie. Je voudrais tes mains, la lente circulation de tes gestes sur mon corps comme des vagues fortes et douces... Délice d'être la femme qui te reçoit, comme le feu, comme le souffle, comme la fulgurance du divin que je viendrais boire à ta source... Émerveillement d'être celle qui peut respirer secrètement ton essence pour avoir puisé au profond de ta chair ! Et je refluerai en mon être, nourrie de tous tes dons, je serai dans l'amour de mon âme déliée, souffle et silence, beauté où me viendra : absolue sensation d'ÊTRE... »

À partir de là, nous n'avons pas d'autre choix que de nous abandonner au mouvement du vivant et de nous accompagner nous-mêmes dans cet exigeant et périlleux voyage à travers la passion amoureuse. Et cette traversée est comme un chemin de croix, une descente aux enfers, une mort pour une résurrection. Le mot « passion » vient de *patior :* je souffre. Souffrir sa passion. Parce qu'elle va nous ramener d'une manière brutale, directe, inévitable, au plus profond du profond, dans le désert : le silence, l'obscurité de nous-mêmes.

Et parce qu'elle exige cela de nous, elle est en même temps une occasion fantastique de retournement intérieur. Au fond, c'est tout le chemin de la blessure à la plénitude. Or, ce chemin nous fait connaître les affres du désespoir. La route est douloureuse. Parce que nous avons fait l'expérience de la fusion, parce que nous avons plongé parfois dans le ravissement amoureux, ceci, par contraste avec notre sentiment « linéaire » d'exister, a ravivé une sensation de manque.

Vous savez, ce manque ordinaire, que nous tenons soigneusement à l'écart en nous occupant à des tâches diverses et variées, voilà que ce manque soudain nous est chevillé à l'âme, d'une manière aiguë, vive, intolérable, ce manque qui prend la forme de l'autre, celui-là, celle-là qui est aimé(e) et qui nous apparaît effroyablement distinct(e) de nous.

Il y a là un sentiment qui est amplifié et qui est de l'ordre de la perte. Il s'est éveillé en nous une part « manquante », et la conscience trop vive d'en être séparés nous rend inconsolables. Je pense ici à un texte de Paul Éluard :

Inconnue, elle était ma forme préférée,
celle qui m'enlevait le souci d'être un homme.
Et je la vois, et je la perds.
Et je subis ma douleur comme un peu de soleil dans l'eau froide.

Et voilà que nous sommes ramenés loin en arrière, dans le lieu même de notre blessure, à l'endroit des premières angoisses de séparation, d'abandon, d'absence.

L'absence

« Qui n'a pas connu l'absence ne sait rien de l'amour, nous dit Christian Bobin. Qui a connu l'absence a pris connaissance de son néant, de cette connaissance lointaine qui fait trembler les bêtes à l'approche de leur mort. » Et nous avons à revenir et revenir encore dans ces abîmes du vide où nous sommes dépouillés de tout, privés de tous les repères qui ont forgé notre monde, parfois même dessaisis du peu d'amour pour nous-mêmes qui nous permettait encore de vivre.

Quand l'amour se retire, c'est toute l'information créatrice qui s'en va. Il ne reste que cette sorte de désespérance engendrée par la conscience de la séparation humaine, sans réunion par l'amour.

« Il n'y a rien en nous, il n'y a personne, écrit Christian Bobin. Il n'y a en nous qu'une attente sans couleur et sans forme. Elle n'est l'attente d'aucune chose. Elle est en nous comme de l'air mélangé à de l'air. Elle ne ressemble à rien, sinon peut-être à l'extrême pointe d'une lassitude. Cette attente n'a pas toujours été là. Nous n'avons pas toujours été rien, ni personne. Dans l'enfance nous étions tout et Dieu n'était qu'une part infime de nos domaines, quelque chose comme un brin d'herbe dans un pré. »

Paul Valéry évoquera lui aussi cette phase obscure de l'amour dans ses *Cahiers* [1] : « Il y a dans l'amour un je ne sais quoi de fin du monde, un élément de désespoir presque infini, à l'état pur et comme satisfait — regard de naufragé sur un radeau, débris stellaire qui s'étend à la noirceur du vide fermé, sur les confins de l'être — et je reconnais à ce sentiment les amours les plus profondes [...]. »

Cette plongée dans la noirceur du vide, c'est le lieu même du retournement, qui n'est pas autre d'ailleurs que celui de notre blessure originelle. C'est une mort pour une résurrection, un passage, une pâque. Et je me demande si ce n'est pas parce que nous avons eu, pendant ce temps de la désespérance, de l'obscur, la sensation de tout perdre, que nous pouvons enfin prendre le risque de don-

1. Éditions Gallimard.

ner, et surtout de nous donner à nous-mêmes ce soin attentif et bienveillant qui fait l'amour véritable. C'est cette qualité de tendresse envers nous-mêmes qui prépare la venue du véritable amour.

Et c'est ici que nous pouvons nous redresser, devenir ce marcheur capable d'étonnement qui, parce qu'il a plongé dans les profondeurs de lui-même, parce qu'il a apprivoisé sa solitude, peut partir à la découverte ouverte de l'altérité.

« Il faudrait imaginer, nous dit Christian Bobin [1], une découverte qui serait très douce. Un long et calme regard sur tout être, sur toutes choses et sur ce qui, dans ces choses, vous ignore à jamais [...] Alors aimer ce n'est plus remplir un vide, effacer une distance. Aimer c'est prendre soin de la solitude de l'autre sans jamais prétendre la combler ni même la connaître. »

Y a-t-il d'autres actes aussi réparateurs que de tenter cet amour humain ? Que de laisser monter à travers nous cette sève circulante qui crée toujours un nouveau possible et ne détruit ni soi-même ni l'autre ?

Trois mouvements

L'amour inlassablement nous conduit. Il y a eu le surgissement de l'absolu, l'irruption du sacré à travers la passion amoureuse : premier mouvement.

1. Christian Bobin est notamment l'auteur de *Souveraineté du vide* (Fata Morgana), *Le Très-Bas* (Gallimard) et, récemment, *L'épuisement* (Le temps qu'il fait).

Il y a eu la précipitation dans nos enfers, la plongée dans l'abîme, dans l'obscur, qui a permis un retournement : deuxième mouvement.

Le troisième mouvement est dans la création. Et si nous tentions de faire avec cette énergie divine qu'est l'amour une œuvre d'art humaine au quotidien ?

Ce serait peut-être d'abord créer un véritable espace pour la relation d'amour et laisser libre cours à son expression, à ses multiples langages. Ce serait, enfin, donner une chance à l'amour de nourrir le quotidien de nos vies en lui consacrant de l'espace et du temps. Je suis toujours frappée de voir combien dans nos couples, dans nos histoires d'amour, nous consacrons peu de temps à aimer, et combien, ballottés entre la précipitation et la négligence, nous perdons la possibilité d'une présence à nous-même et à l'autre. Combien aussi en cela, nous nous privons d'un repos, d'une qualité de silence, d'un recueillement, alors que le couple est précisément un lieu privilégié où peut s'inscrire une respiration entre l'amour et le sacré.

Donc, offrir à l'amour de l'espace et du temps. Et laisser vibrer en nous ses multiples langages : l'amour regarde, l'amour caresse, l'amour respire. Le regard qui aime est un regard qui s'élargit sur l'autre, qui ne le restreint pas, qui ne le quitte pas des yeux pour s'enfermer promptement dans des réactions psychologiques, mais qui se pose, en prenant le temps de la douceur, sur ce qui lui est donné à voir.

En prenant le temps de suspendre, ne serait-ce que quelques secondes, l'appréciation ou le jugement qui se bousculent au portillon de l'ego. Et c'est alors comme si, dans cette absorption sensorielle, plus le regard s'élargissait, plus il gagnait en profondeur. Et il peut arriver que nous percions, dans cette qualité d'un regard vers l'autre, les opacités contre lesquelles nous butions. Il peut arriver que l'écorce de l'apparence soit traversée et que l'autre soit saisi dans sa transparence.

C'est un peu du même ordre que lorsque nous avons vu le bien-aimé pour la première fois. Mais cette fois-ci, cette qualité de lumière, nous la voyons à l'intérieur de lui parce que nous sommes en contact avec le même feu à l'intérieur de nous. C'est peut-être cela un regard de ferveur : un regard simplifié. Alors ce n'est plus seulement la lumière qui vient à nous comme une grâce, c'est nous-même qui allons vers elle, gracieusement.

L'infini de la caresse

L'amour aussi caresse. Il y a un langage d'une richesse extraordinaire dans la caresse. Jacques Salomé nous rappelle souvent que lorsque nous sommes touchés, caressés, nous sommes confirmés dans notre existence. On peut d'ailleurs caresser l'être aimé avec le regard. On peut aussi mettre un regard dans nos mains, mettre du cœur dans nos mains. Alors le geste même de la caresse perd toute banalité, il est sans cesse ré-inventé, c'est comme une danse chaque fois nouvelle sur le corps de l'autre. Et parfois, quand nos mains ont du cœur, ce n'est pas seulement quelques centimètres carrés de peau que l'on sent sous ses doigts, c'est l'univers entier qui vient y palpiter. Et il peut y avoir cet étonnement simple de se sentir dans l'amour, participant du monde entier.

L'amour enfin respire. En persan, être intime signifie « respirer d'un même souffle ». Respirer ensemble, dans un rythme commun. Unir les souffles dans l'échange amoureux. À cet égard, je tiens pour extrêmement précieux certains exercices que propose la tradition tantrique et qui permettent de développer ce que j'appellerais volontiers une sexualité subtile.

Dans cette tradition, le couple divin est figuré par Shiva, l'Être suprême et sa compagne Shakti, la puissance suprême, la force féminine primordiale qu'il s'agit d'apprivoiser pour réaliser la *hiérogamie,* c'est-à-dire les épousailles divines. Le souffle sera l'instrument de l'éveil de cette énergie qui sommeille, et peu à peu des sensations subtiles d'ordre énergétique, vibratoire, seront activées.

Ainsi peut se développer une qualité d'orgasme plus vibratoire, où ce n'est pas la seule région sexuelle qui se trouve concernée et où d'autres lieux du corps viennent aussi vibrer à leur tour dans une sorte d'intensité et de douceur mêlées.

Pour une mystique de l'amour

Ces expériences, à leur mesure, ne sont pas très éloignées de ce que décrivent certains mystiques qui ont connu des extases. Nous sommes bien là au cœur du sacré. Or, quand je regarde combien, dans nos cultures, nous sommes frileux quant à rendre nos corps heureux, combien nous nous donnons peu de moyens, peu de temps, pour travailler à l'accomplissement de la chair, dans ses retrouvailles avec le divin, je me dis que nous n'avons peut-être pas encore consciemment découvert la formidable puissance de l'Éros. Pourtant, n'est-ce pas dans la jouissance d'un corps et dans la jouissance d'une âme que nous sommes au plus près du divin dans sa gloire ? Et l'union amoureuse, vécue dans sa dimension sacrée, n'est-elle pas acte infiniment plus religieux que bien des prières distraitement récitées ?

Car ce religieux, qui nous relie à la transcendance, s'enracine dans la chair. Et le désir amoureux est l'inscription dans le corps d'une réalité d'ordre spirituel. En cela, la jouissance est certainement l'état le plus « religieux » qu'il nous soit donné de vivre !

Je voudrais à présent conclure par quelques phrases de Khalil Gibran :

L'amour ne donne que de lui-même et ne prend que de lui-même.
L'amour ne possède pas, et ne veut pas être possédé.
Car l'amour suffit à l'amour.
Quand vous aimez, vous ne devez pas dire : « Dieu est dans mon cœur », mais plutôt : « Je suis dans le cœur de Dieu. »
Et ne pensez pas que vous pouvez guider le cours de l'amour, car l'amour, s'il vous trouve, dirigera votre cours.
L'amour n'a point d'autre désir que de s'accomplir.
Mais si vous aimez et devez avoir des désirs, qu'ils soient ceux-ci :
Se fondre et être un ruisseau coulant qui chante sa mélodie à la nuit.

Se réveiller à l'aurore avec un cœur ailé et rendre grâce pour une autre journée d'amour.
Se reposer à l'heure de midi et méditer sur l'extase de l'amour.
Rentrer en sa demeure au crépuscule avec gratitude.
Et alors dormir avec en son cœur une prière pour le bien-aimé, et sur les lèvres un chant de louange.

Voilà ce que je souhaitais partager avec vous. Mais au fond, si je ne devais garder qu'une seule formule qui puisse résumer l'amour, je choisirais une phrase de la petite Thérèse Martin, l'immense Thérèse de Lisieux qui, en vingt-quatre ans de vie, ne s'est pas encombrée de détours : « Aimer, c'est tout donner. »

L'être en commun

PAULE SALOMON

La sensualité est pleinement communicante : tous nos sens parlent et écoutent. Pourquoi ne pas ouvrir ces fameuses portes de la perception si souvent closes ?

Marcher. Ce matin-là, je marche sur un pont avec une allégresse toute particulière qui part de la plante des pieds et qui monte le long de la colonne vertébrale, une allégresse sans objet et sans but. Je crois que je souris, oui, j'ai un sourire à la vie.

Et voilà qu'un regard accroche le mien, s'élargit et pétille. Une femme a croisé mon chemin et l'onde de chaleur qui m'a parcourue ne peut pas mentir. Cette inconnue avait un parfum de présence bien vivante et nous nous sommes permis de rebondir l'une par l'autre. Un éclair de complicité, d'érotisation dans la joie du matin.

Plusieurs fois dans la journée ma pensée l'évoque avec plaisir. Déjà, pourtant, les contours de son visage se sont effacés, il ne reste que ses yeux et ses cheveux. Quelque chose d'invulnérable a jailli entre nous. Les rencontres du non-dit sont-elles les plus intenses ?

Quand je deviens l'arbre, quand je deviens la route et l'air que je respire, je suis libre, je n'ai rien à dire, rien à communiquer, je suis. Toute mise en mots interromprait cette sensation d'être identifiée à la sève du vivant. L'enfant a su cette extase spontanée d'être là, puis il a désappris en apprenant à penser. L'extase est toujours sortie perdante de cette confrontation envahissante avec la formulation. Le mot a remplacé la sensation. Le mot-symbole dispense parfois de vivre jusque dans son ventre.

Musique des mots. Les mots ne sont-ils pas des transmetteurs imparfaits ? Quand j'étais enfant, je pensais qu'il fallait réinventer les mots, redéfinir leur signification avant de parler avec quelqu'un. J'étais si sensible à la différence de contenu que chacun mettait sur ces musiques de syllabes utilisées dans un consensus. Dieu ? L'âme ? La vérité ? La beauté ? Et même la table ? La chaussure ? Comment pouvions-nous nous comprendre avec des images intérieures si diverses et des expériences extérieures sans commune mesure ? Cette musique des mots ne cachait-elle pas un langage plus secret que certains utilisaient à mon insu ?

Enfant, je ne pouvais pas croire que ces discours se suffisaient à eux-mêmes. J'entendais les non-dits, et tout particulièrement sur la sexualité.

Plaisir interdit. Justement, il n'y avait aucun discours des adultes sur la sexualité mais ma vie d'enfant était un feu d'artifice de sensations. Dans la nature, je n'étais que plaisir, je défaillais dans le goût d'une pomme, je restais une journée entière dans le cerisier sans vouloir descendre, je devenais le cœur de l'églantine, je me terrais dans la forêt de bambous pour des histoires sans fin pleines d'érotisme empruntées aux romans-photos de ma mère. Plaisir, aussi, à se pelotonner sur les genoux des adultes ou dans le lit des parents. Parfois, je les sentais tout vibrant, aussi, ces adultes, mais ils ne disaient rien.

D'instinct je savais qu'il n'était pas question de communiquer sur ce sujet et j'appris à me taire. Mais c'est ainsi que les tabous sur la sexualité n'eurent pas de prise sur mon âme d'enfant. Les adultes me paraissaient soit hypocrites, soit ignorants. Pour moi, le roi était nu alors que les adultes ne cessaient de le dire habillé. Peut-être même finissaient-ils par croire ce qu'ils disaient. Mais je préférais m'en tenir à mes sensations et pour conjurer le fait qu'ils pouvaient peut-être avoir raison, parfois, je conjuguais signe de croix et jeux interdits.

Ressentir. Comme les sensations sont intenses lorsque nous sommes enfant ! Comme les pensées amortissent les sensations au fur et à mesure que nous grandissons dans le monde extérieur ! Pour retrouver cette fraîcheur des sensations, il me faut respirer beaucoup aujourd'hui, encore et encore.

C'est dans les sensations que nous communions le mieux. Nous avons plaisir à partager un repas parce que nous nous mettons à l'unisson. Cet acte de survie est en même temps un acte de sensualité. Nos échanges sont facilités pendant que notre mâchoire est occupée. Nous avons plus de facilité à ne pas dévorer l'autre. En partageant de la nourriture, nous partageons aussi de l'humanité. Nous occupons notre ombre, nous oublions notre insécurité et parfois nous laissons monter notre euphorie à vivre.

Nous partageons de l'espoir, de l'immortalité, un présent plein comme notre panse, un vivre comblé, un au-delà du besoin. Les paroles fusent et le monde peut se refaire au dessert. La communication est nourrie par une communion primitive. Elle est le luxe de l'avenir pour un être qui ne sait jamais s'il ne va pas mourir la seconde suivante.

Parler. La parole et l'écriture sont des luxes. Dans les pays pauvres, on use largement de ce luxe sans prix de la parole échangée sur les places et dans les cafés. Les femmes parlent beaucoup entre elles et les hommes de leur côté. Plus on est pauvre plus, parfois, on est riche d'un tissu de relations ; on prend le temps de parler, de raconter, d'être ensemble. On parlote, on « placote », comme on dit au Québec. Encore et toujours on se raconte, on écoute, on échange ses expériences de vie, on tente de comprendre, de mettre à distance, de récupérer quelques étincelles de sagesse. Des uns aux autres, nos histoires tissent nos légendes personnelles. Et peut-être ces paroles sans fin sont-elles destinées à écouter les temps de solitude intérieure, ces dialogues trop brûlants avec soi-même.

Tous les jugements sont au rendez-vous de ces échanges. Chacun taille un costume à son voisin et garde pour lui le bel habit. C'est toujours l'autre le malappris, l'égoïste, le buveur, le maniaque, l'obsédé. Je parle sur toi pour me décharger de l'ombre que je ne veux pas regarder chez moi, que je ne peux pas supporter chez moi. Et quand la blessure est trop vive, je me raconte, me mire dans les yeux d'un autre, me construis un reflet et, parfois, j'appelle « amour » ce miroir rassurant.

Je me poursuis inlassablement en parlant de moi, je me suis inlassablement en parlant sur toi. La communication est tissée de la quête du sens même si elle s'égare en tournant sans fin sur elle-même.

Être et dire. « Comment ça va ? » Distraitement, des uns aux autres, le même message s'échange. De quoi parlons-nous ? Qu'est-ce qui va ? Où ça va ? « Oui, ça va », la réponse arrive, machinale, en détournant les yeux, en crispant les mains, en froissant le tissu du vêtement. Les messages sont contradictoires ; ce qui est dit ne correspond pas aux signes émis par les mains et les yeux. Que croire ? Qu'écouter ? Si je te regarde en profondeur dans les yeux en te demandant de nouveau : « Comment ça va ? », tu ne peux pas de dérober, tu fais une grimace pudique qui avoue : « Pas trop bien », ou un grand sourire qui m'invite à la joie d'exister. Plus les mots se font rares, plus l'essentiel est dans la vibration. L'abondance des mots noie l'intensité intérieure.

Communiquer, est-ce se distraire de l'essentiel tout en tentant d'y entrer ? La communication est-elle comme une préparation à la communion ? La communication permet-elle de supporter le temps entre deux moments de communion ?

Parlons-nous ensemble parce que nous ne savons pas nous taire ensemble ? Que se passe-t-il des uns aux autres à travers les récits, les chansons, les films, les pièces de théâtre ? Que tentons-nous de comprendre ? Cherchons-nous à nous éloigner de nous-même, à nous distraire, ou à mieux nous comprendre en affinant le sens, en fortifiant notre élan à vivre ? Les moments de communion sont des points de suspension, de réunification où le mystère s'approche et s'éloigne.

Partager. Tu t'es recroquevillé sur toi-même, tu berces dans l'absence ce corps douloureux et décharné. Toi le merveilleux conteur, toi qui étais si brillant, toi le poète des ondes qui faisait vibrer la conscience dans la synthèse des connaissances, tu es entré dans la profondeur des songes qui t'éloigne toujours plus de cette vie. Tu ouvres un œil, tu esquisses un sourire et tu repars dans ton univers intérieur. Une phrase parfois peut te tirer de cette léthargie comme si tu réagissais encore à une onde de fond, comme si tu vérifiais un dernier stimulus. Au fond de toi quelque chose continue de s'apaiser dans la douceur, le détachement. Nos phrases sont dérisoires, mais nous pouvons encore te prendre la main et être heureux près de toi.

Aimer. Je te porte en moi et tu m'obliges. Je suis allé chercher des morceaux de moi-même dans ces quelques traces que j'avais laissés sur des visages, des papiers, des murs et des paysages. Je fais confiance au processus puisqu'il sait avec moi et sans moi. Toute vie est un dialogue passionné avec le sens. Toute vie s'efforce de transmuer le négatif en positif. Devenir une force d'affirmation solaire à chaque instant. Le Oui du grand Midi où même les désarrois prennent sens. Je surfe sur l'apparence pour mieux fusionner avec le mouvement. J'entends le chant de la vie, je deviens le chant de la vie, le chant de la vie résonne de place en place, de part en part. J'ai besoin de tout et de tous. Éclosion. Inclusion.

Une infinie patience. Puissance et volupté des odeurs. Je t'ai convié à la cérémonie d'exister. Je fais chanter pour toi le langage afin de faire résonner en toi le lointain souvenir enclos dans ta mémoire ancienne. Tu sais tout depuis toujours. Tu es là immobile au centre de toi et tu te regardes t'agiter avec une infinie patience, une infinie compassion. Il est là, ce diamant pur de la connaissance fusionnant avec toutes choses dans un amour illimité. Il te ressource dans tes dérives, il t'anime dans l'absolu. Maître-mot tu es : au commencement était le verbe. Je me mets à l'écoute, mais j'entends ma surdité de terrien. Il me reste mes yeux d'émerveillement qui acceptent toujours de s'ouvrir. Je n'en suis pas moins aveugle au plus subtil. Se centrer. La solution merveilleuse est déjà là et elle appartient pourtant à la patience du processus.

Rencontre. Mystère et miracle de la rencontre, tu me fais trembler. Je ne bouge presque plus. Je n'entends d'abord que le tumulte de mes pensées et de mes sensations. Puis ce trouble de surface s'apaise. Je peux alors percevoir quelques notes, un chant de l'âme qui se libère, aérien, parfumé. Et je ne saurais te rencontrer que dans ce temps-là, dans ces moments de miraculeuse parenthèse où je reconquiers l'entier de moi-même, loin du bruit et de la fureur.

Perle de vie. Voilée, mystérieuse, pulsante, centrale, elle bat comme un cœur à l'intérieur de chaque être, c'est celle qu'irradient le bonheur de vivre, le sourire de l'âme, l'œil qui brille, la respiration attentive au parfum de l'être, l'harmonie d'exister. L'énergie vibre dans la rondeur des fruits, la brillance des feuilles, le velouté des peaux. Tout chante dans la danse des rayons. Énergie de vie.

L'être d'amour

OLYMPIA ALBERTI

Peut-on donner ce que l'on vit ? Et le transformer tout à la fois, en une incessante métamorphose d'être, vers plus de compréhension, plus d'ouverture, plus d'amour ?

Ordre est donné à notre civilisation de consommer et de se taire. C'est ainsi : « On ne parle pas la bouche pleine. » À défaut de silence et de réflexion, une humanité dépossédée davantage d'elle-même par le bruit, la fureur des marchands d'avoir, se gave, emplit son être de fausses nourritures avec une avidité d'autant plus évidente (et quasi légitime) que rien ne la rassasie.

Comment offrir ici une expression autre, vraie et sereine, des heures de partage qui vivent à l'inverse de ce courant, et qui se sentent libres de la plus grande sincérité, celle qui donne vraiment à l'autre — comme Montaigne nous l'a enseignée par ses *Essais* — ou au silence.

Être silencieux n'est pas se taire — pour reprendre le titre juste de « Planète Taire » : c'est choisir d'instaurer entre soi et le monde une parole d'autant plus entière qu'elle ne doit rien aux agitations, aux médias et à la fausse communication qui n'est jamais dialogue. Peut-être la pratique quotidienne de la méditation (par l'écriture qui est prière, par la joie, par la souffrance) instaure-t-elle entre soi et soi-même cette intensité, irréfragable.

Dans le cadre qui nous est proposé, j'aimerais du plus profond lever une parole subjective — je crois au *je* qui dit « nous », sur la relation à la joie, d'où découle la relation à l'Être.

Puisqu'on ne peut témoigner que d'une expérience traversée (*Le Dvani :* « La saveur n'existe pas avant d'être goûtée [1] »), je vais tenter de prendre ma vie à témoin. (Comme Raymond Devos avec son chien, il est clair que c'est ma vie qui parle, et que je l'écoute, que je lui obéis : il s'agit de consentir.)

Pour communiquer de façon pleine et heureuse avec les autres, il est bon de communiquer au mieux avec soi. Facile ? pas du tout. La plupart des gens considèrent comme une évidence une chose qu'ils n'ont jamais réalisée (au sens de : rendre réel) et à laquelle ils ne se sont pas offerts de travailler.

La joie

Nous avons tous vécu de grandes joies, mais observons comment nous traitons ces joies dans notre existence. À peine si nous leur assignons une durée, même pas, une date. Un espace comme une encoche sur un bâton, et nous oublions aussitôt

1. Traité de poétique hindoue, du début de notre ère.

que la joie est. (Joie : de *jug, jugen,* racine indo-européenne, du sanscrit *yug* — qui relie.) Être joyeux, c'est être relié à. À quoi ? Cherchez, la lumière est au bout.

Comment se fait-il que nous ne sachions pas perdurer en nos joies, ou les pérenniser en nous ? J'ai vécu il y a treize ans une joie immense : la vie m'accordait de partager avec d'autres, beaucoup d'autres. (Mes premiers livres étaient acceptés.) C'était dans mon cœur un ravissement de lumière, un rapt tel pour mon âme que j'aurais pu alors quitter mon apparence pour n'être que cette joie — n'être que ? Être toute. Devenir cela que j'éprouvais comme une grâce, infiniment. Lorsque je parle de cette joie à mes enfants, je ne trouve que l'image métaphorique d'un ciel, sans fin, ou d'une incommensurable saveur dont rien ne détourne jamais l'être. J'ai beau en vivre, m'en nourrir, jamais je ne l'épuiserai. Et pourtant, cette joie est finie, au sens commun. Elle « a eu » lieu — le 15 avril 1982. Ce fut l'émotion d'un instant, croit-on, le passage du *non* au *oui.* Peut-on réussir à donner ce que l'on vit ? Si nous développons notre écoute intime, nous savons que la joie EST placée à demeure dans notre vie. Pourquoi assigner l'espace réduit d'une date à la joie ? Nous n'en viendrons jamais à bout, elle a trop à nous donner. (Je souscris aux mots d'André Chouraqui : « Écrire sur ma tombe : " Mort de joie ". »)

La nostalgie essaie parfois : elle ne l'entame pas. Est-ce la joie qui m'habite, moi qui suis en elle ? Elle demeure, pérenne. Quels que soient les souffrances, les refus apparents de la vie, les tristesses — elles ne m'ont pas manqué depuis quelques belles et difficiles années —, elle est là, vigilante, comme une lumière. Au fond, cette joie, je crois qu'elle a au moins un autre nom : la gratitude. Sentiment qui n'a plus de rapport aux années qui passent, seulement à un état intérieur, atemporel, branché sur l'éternité.

Mais cet état intérieur qui engrange émotions, blessures, sensations et forces, où puise-t-il sa capacité de résonance, de relation au monde, aux autres — et d'abord à la vie ? À l'abondance d'être ? Ouverture, lâcher-prise, et lent mûrissement des choses en « souvenirs ». La mémoire, c'est le doyen de l'université intérieure. N'oublions pas la phrase de la *Isha Upanishad :* « Puissance créatrice, souviens-toi de ce qui a été fait, souviens-toi [1]. »)

Donc, acte. Rêver de tout donner, c'est se préférer comme espace de traversée, non de rétention, c'est bien tenter — je vais le faire ici — une offrande entière, sans fards, par l'ouverture d'une lettre à une amie lectrice. Attention : partir du Verbe, c'est aller... loin.

J'ai lu et relu le texte que vous avez choisi (et coupé, par moments). Pourquoi le rompre ? Ce qui semble un détail secondaire a sa place. L'écriture est souffle. *Enlevez avant, après. Mais les quatre, cinq lignes élues, il vaut mieux éviter de briser leur respiration (ce n'est plus la mienne, c'est la leur — celle des mots, vivants —, dans un absolu où je n'ai plus rien à faire de visible).*

Il est très émouvant pour l'intime de ma vie, que vous ayez choisi ce texte. C'est un moment difficilement transportable — au sens où Somerset Maugham disait que le

1. *Isha Upanishad,* IV, 17.

rire ne souffre pas le transport — que j'ai essayé de traduire : parce que la vie intérieure de la sensation (son sens spirituel) soit nous échappe, soit nous laisse perplexe — parce que le rapt de l'extase exclut toute analyse. Or, j'ai opéré une translation en usant là non de mon corps temporel mais de mon volume (corps ?) spirituel. En effet, (et c'est la première fois que je suis amenée, grâce à vous, à me relire, et avec quelle intensité) quand j'écris[1] *: « Je pensai — ou fut-ce ma peau qui se souvint ? — à un porphyre brillant, coq de roche, où d'anonymes sculpteurs du IIe siècle, à Sarnath, avaient donné visage à leur adoration du Bouddha... », je fais un palimpseste à l'envers, je vis mon éternité dans deux sensations qui furent inversées dans la rencontre temporelle réelle que j'en ai connue.*

À Carthage, j'ai touché ce marbre doux en avril 1984. Je l'ai caressé à nouveau au printemps 1986. Or, la rencontre éblouissante du Bouddha de Sarnath eut lieu en avril 1987. Le marbre des thermes d'Antonin ne pouvait me rappeler le porphyre, puisque je vivrais ce dernier après ! C'était avec la même amie (S., qui vit à Paris) que les deux moments ont été vécus — mais autant nous avons partagé la douceur du marbre de Carthage, autant l'épiphanie de Sarnath fut solitaire (bien qu'elle fût alors à mes côtés) : c'était un ravissement tel, si entier qu'il s'apparentait à un orgasme, et si dense que je ne pouvais parler, « le parler » comme disent les psychanalystes. Ce silence me donna sa richesse, par la pensée qui put bien après se développer. Sans doute est-ce pour cela que je tiens à l'unité absolue du texte/souffle — parce qu'il est là l'expression du UN réalisé : la Présence, le Présent. Comme si les points d'un haut texte se rejoignaient enfin, et que la lecture divine fût possible. Écrire, c'est lire ce qui nous

1. *La Sarabande* (roman), éd. du Rocher, p. 169.

arrive. C'est tout. C'est écouter ce que la vie nous murmure, à chaque rencontre.

Au sens où Mozart l'entendait, nous sommes des êtres de la Joie — reliés — de la gratitude pour Dieu, pour la Beauté. Ma vie, donc aussi mon corps incarné, visible, sont un instrument de Sa Puissance. Depuis l'enfance, j'ai éprouvé que la joie était gratitude absolue, soulevante — et si le joli mot d'« orgasme » est venu, là, pour traduire la transparence (je pense aussi à... organdi, à orchestre), c'est que seule la plénitude d'Être peut porter l'acte créateur vrai. *Créer, c'est aimer, c'est donner l'amour au monde. Ce n'est pas compenser un manque, se venger, régler un compte, haïr, inventer, imposer. Non ; créer, c'est donner à aimer. Et pour cela, le corps (et la vie qui l'anime) doit être apte à rendre la lumière reçue. À consentir. (Souvent, j'ai eu la sensation d'être un violon, accordé par des mains sûres, qui ne me demandaient rien que de traduire ce qui m'était donné, intimé. Alors je m'applique, j'écoute — et parfois je crois, j'entends.)*

Depuis de lentes années de prise de conscience, je sais que l'écriture a un rapport étroit avec la vie sexuelle, puis amoureuse — dans mon histoire personnelle, c'est clair —, avec la vie érotique même. Pas seulement à cause du joli mot de Platon : « Les hommes ont appelé l'amour Éros, parce qu'il a des ailes ; les dieux Ptéros, parce qu'il a le pouvoir d'en donner[1]*. » Parce que si le Verbe doit se faire chair — si le souffle doit s'incarner — il doit être d'une puissance d'amour absolue. Et cela implique le sacrifice de la réalisation dite charnelle, immédiate, courante. Alors la chair (ce qui n'a pas été de l'ordre de...) peut se faire Verbe (souffle créateur pur). Cela, je l'ai compris après des années de souffrance mais d'oblation : les énergies supé-*

1. *Le Banquet.*

rieures devaient m'induire à être, devenir ce que j'étais, me faire écrire *(porter la Parole). Pour cette réalisation, il fallait me priver de cette forme de réalisation courante, me creuser jusqu'à l'âme. Alors le Verbe pourrait venir : c'est le souffle, et il prend toute la place.*

Vous voyez où me mène, où nous mène cette quête du texte à calligraphier. C'est du propre !

*Par l'amplitude du cri (l'orgasme de Sara'h), il ne s'agit plus du plaisir, il s'agit surtout d'être. D'*être, *dans la grâce donnée. (J'espère que la couverture, avec les anges de Botticelli, écarte les mal pensants de ces pages pures où frémit le violon, justement.) À un certain point, tout est splendeur symphonique. C'est pourquoi j'ai choisi de situer le plus haut dans un lieu (la Taverne) apparemment de plaisir. Mais le Chevalier noir n'est pas dupe. Il a touché l'Infini — cela est irréversible. Et n'a rien à voir avec la pornographie, la bêtise du sexe marchand et autres horreurs. (L'horreur, c'est le dévoiement : c'est trafiquer la Beauté pour en user, lui faire dire autre chose que Son texte. C'est quelque chose qui terrifie, parfois — l'incompréhension du Beau, du fastueux beau que Dieu nous accorde.) »*

Le souffle de l'écriture, la construction de soi, l'ouverture à la joie, le silence du consentement devant l'épiphanie de la beauté — la boucle d'amour est bouclée : relation à la Joie, qui est corps et âme, relation aux souvenirs, communication par la lettre, relation à l'écriture, à la création. Acceptez ce partage comme ce qu'il est : une parole d'amour.

Parler avec la peau

DR GÉRARD LELEU

Reich parlait de nos « armures caractérielles » : nous nous promenons dans la vie bardés de défenses qui sont autant de tensions à dénouer. Le toucher reste l'art majeur pour libérer l'être de ses nœuds.

Notre peau est, incontestablement, un fabuleux moyen de communiquer avec les autres, avec l'autre. Hélas, nous ne le savons pas assez. C'est que, trop généralement, nous pensons que la peau n'est guère qu'un tissu d'emballage.

En réalité la peau est aussi une surface sensible et pour tout dire un véritable organe sensoriel, c'est même le plus étendu de nos sens — 2 000 cm^2 chez l'adulte — et le plus riche — au total 1 800 000 récepteurs. Sa sensibilité reste exquise. Notre épiderme n'est-il pas capable de déceler des suspensions de 1/1000 de seconde dans les vibrations d'un diapason posé sur lui ? Hélène Keller, sourde et aveugle de naissance, était capable d'identifier toutes sortes de symphonies par les vibrations du plancher sous ses pieds nus.

La peau est sensible aux contacts, au chaud, au froid et à la douleur. Elle capte les stimulations correspondantes par l'intermédiaire de récepteurs sensitifs dont elle est truffée — cinq à dix récepteurs par cm^2. Les organites sont spécialisés pour chaque sensation : les uns perçoivent les contacts, les autres le chaud, d'autres le froid, d'autres enfin la douleur. Il n'existe pas de récepteurs spécifiques du plaisir, mais toute stimulation peut être plaisante pourvu que son intensité s'y prête. Il existe toutefois des capteurs de volupté au niveau des organes sexuels.

Comme on pouvait le pressentir, c'est au niveau de la main que la peau est le plus sensible et plus particulièrement au niveau de la pulpe des doigts, là où l'épiderme est capable de déceler des pressions de deux milligrammes et des intervalles de compas de deux millimètres : là, chaque cm^2 d'épiderme contient jusqu'à trente capteurs. L'importance de la sensibilité de la main est du reste attestée par l'étendue de la surface du cortex cérébral qui lui est consacrée : en effet, l'aire de projection dans le cerveau de l'ensemble des fibres sensitives issues de la main est aussi large que celles du tronc et des membres réunis.

Équipée d'autant de récepteurs, pourvue d'une telle sensibilité, la peau, et surtout celle des mains, est bien évidemment capable de connaître ce qui se passe dans le monde extérieur et particulièrement d'appréhender le comportement des autres êtres, et cela avec autant de perspicacité que les sens dits « nobles » telles la vue et l'ouïe.

Autrement dit, la peau écoute, la peau entend, la peau comprend. Elle comprend ce que l'autre est, pense, sent ou donne. Elle décèle bien s'il vous touche mécaniquement ou affectueusement, s'il est sincère ou hypocrite, voire intéressé, s'il est subtil ou grossier, s'il est sensuel ou insipide.

Elle saura bien, si telle caresse est un geste d'amour ou un tour de main, si telle étreinte est un acte de réconfort ou un acte de possession, où est le partage, où est l'exploitation. La parole peut tromper, pas le toucher.

La peau ne se contente pas d'écouter, elle parle...

... elle parle — elle dit et elle répond. Déjà, par sa température et sa couleur, elle traduit et donc elle trahit les sentiments. En effet, la circulation sanguine, au niveau de la peau, est soumise aux émotions. Si l'émotion est positive, joie, désir, etc., les vaisseaux s'ouvrent, le sang afflue et la peau rougit et se réchauffe : rouge et chaude, la peau vous aspire, vous accueille, vous exprime son bonheur. Si l'émotion est néfaste, appréhension, peur, haine, etc., les vaisseaux se ferment, le sang se retire et la peau pâlit et se refroidit. Blanche et froide, la peau vous craint, voire vous déteste. À vous de la convaincre, si tel est le cas, de la chaleur de votre affection et de la bonté de vos intentions.

Il est une autre façon, pour la peau, de vous parler : c'est d'émettre des odeurs. Oui, tout aussi *homo sapiens sapiens* que vous soyez, vous êtes plus sensible au langage des odeurs cutanées que vous ne le pensez. C'est par ses diverses glandes (sudoripares, sébacées ou apocrines) que la peau sécrète ses molécules odoriférantes ; les plus efficaces, les plus célèbres, sont les phéromones émises spécialement dans le creux axillaire et la zone génito-anale.

Certes ces molécules n'ont pas la puissance qu'elles ont chez les animaux chez lesquels elles sont capables d'attirer un partenaire à des centaines de mètres, voire des kilomètres à la ronde, en tout cas elles sont, à notre insu, à la base de nos attirances et de nos répulsions. Quand nous disons : « Il ou elle m'attire, c'est physique », ou inversement : « Je ne peux pas le ou la sentir ! », soyons sûrs que notre perception des odeurs cutanées est partie prenante dans ces appréciations. Du reste, de nombreuses expériences menées chez le jeune enfant confirment l'impact affectif de ces odeurs : l'enfant, par son odorat, est capable de reconnaître, dans un lot de pulls, celui que la mère a porté à même la peau ; de même l'enfant qui entre pour la première fois en maternelle sera plus détendu si on le munit d'un vêtement porté par sa mère.

Cet impact affectif se comprend lorsqu'on sait que le rhinencéphale où aboutissent les stimulations olfactives n'est pas seulement le centre cérébral de l'odorat, mais qu'il joue aussi un rôle essentiel dans la vie émotionnelle et dans la vie sexuelle. De ce fait, il n'est pas d'odeur neutre : toute odeur provoque un sentiment d'agréabilité ou de non-agréabilité, et par conséquent un mouvement d'attrait ou de refus.

Beaucoup de fragrances, en outre, et tout particulièrement celles émises par la peau, ont à voir avec le désir. On ne peut donc douter que ces molécules odoriférantes, la peau les lance comme autant de messages ; ce qu'il nous reste d'instinct et ce

d'un geste appuyé elle apaise mon anxiété, que d'un revers elle chasse mes peurs, que, grande ouverte, elle écoute mes souffrances et les efface. Que, tout écartée, elle recueille mes rêves, les pétrisse, les incarne, que la chaleur de ta main ranime la coulée de mon sang, que sa magique fécondité me parsème à fleur de peau de mille et une bulles de plaisir, qu'elle fasse de ma peau un champ pétillant de couleurs, qu'à ma gorge elle fasse monter mes psaumes les plus brûlants. Par ta main dis-moi que tu m'aimes. Tu verras comme je t'aime. »

Nous le voyons bien, dans leurs implorantes prières, les amants n'expriment pas seulement des besoins affectifs, ils crient aussi la faim de leur peau. Car le besoin d'être touché est un besoin fondamental aussi impératif que le besoin d'air, d'eau ou de nourriture. Un minimum de contacts est indispensable pour que l'être vive équilibré, épanoui. De multiples constatations et expérimentations l'ont prouvé. Dire ce besoin, le satisfaire réciproquement, bref, mettre en commun l'or de nos oripeaux, c'est aussi communier, sans compter que la communion des peaux nous offre en prime le plaisir, voire la béatitude.

Le plaisir existentiel

De ce fait, le toucher procure un état de bien-être qui peut culminer à l'euphorie et cet état ne provient pas seulement de la joie d'être apprécié et aimé, il est aussi physiologique. Les contacts agréables mettent en jeu les centres cérébraux du plaisir. Les centres hédoniques distillent alors dans notre encéphale et dans notre sang diverses substances dont les fameuses endomorphines. Celles-ci sont à la fois anxiolytiques, anti-douleur, anti-stress, psycho-stimulantes et même euphorisantes. Encore faut-il savoir, pour l'apprécier à sa juste valeur, que le plaisir qu'attend notre peau et que nous offre la peau de l'autre est un phénomène non seulement naturel, légitime mais, qui plus est, se révèle un phénomène également fondamental.

Le plaisir, c'est ce qui nous permet de vivre à travers les aléas de la vie, de survivre à toutes les menaces, à toutes les peurs, à toutes les souffrances, à toutes les angoisses ; le plaisir a réellement un rôle existentiel.

Il n'est pas étonnant que la peau, par qui le plaisir peut arriver, le réclame à pores et à cris et qu'elle bénisse de toutes ses fibres celle ou celui qui peut lui offrir sa manne quotidienne.

Mais il n'y a pas que les mains qui savent toucher, toutes les parties du corps le peuvent. De même que toutes les parties du corps apprécient les caresses. Mais sans doute les caresses du visage, porte sublime de la tendresse, sont-elles les plus émouvantes et celles des pieds, tremplin d'un fastueux bien-être, les plus étonnantes. C'est à ces pôles, plus que partout ailleurs, semble-t-il, que la chair se fait verbe.

Le front commun

Avec vous faire un front commun
Au minima minimorum,
Réduire distance de femme à homme
Et même si c'est un lieu commun
De dire que le plus court chemin
Entre deux points c'est la droite ligne
Je suivrai de vous à moi
Le sentier qui mène vers toi
Le point final de ma ligne.

Avec vous vivre délicat
Au maxima maximorum,
Nuancer la femme et puis l'homme,
Si ce n'est pas un lieu commun
De dire que le plus court chemin
Entre deux êtres c'est l'écoute,
J'aimerais sentir de vous à moi
Un frisson qui cause en patois,
L'au-delà de nous deux sans doute.

Avec vous tout optimiser
*Vers l'*optima optimorum,

Conduire tant la femme que l'homme,
Même si comme dénominateur
Commun nous avons la peur,
Le doute et toutes les barrières.

J'aimerais entre vous et moi
Briser les frontières et les lois
Qui font les portes si étroites.

Avec vous vivre ad libitum,
Même si la mort comme un seul homme
Vient changer seulement l'aiguillage,
J'aimerais dire en post-scriptum
Qu'il n'y a pas d'ultimatum :
Nous changeons seulement
De village.

Julos Beaucarne

Communiquer pour communier

PERLA SERVAN-SCHREIBER

Pour réussir sa relation à la vie et aux autres, il faut se mettre au service d'un projet qui nous dépasse : la famille en est un, le couple aussi. Il en existe certes d'autres, mais qui tous ont pour dénominateur commun le don de soi.

Communiquer est une fonction vitale. De ce fait, elle ne nous est guère enseignée. Pas plus que respirer, ou aimer, chacun l'invente pour soi et selon soi. « Communiquer » restera dans l'histoire le verbe des années quatre-vingt-dix, tout comme « se libérer » fut celui des années soixante-dix. Que dis-je ! — le verbe, l'injonction. Chacun se doit de communiquer : les enfants, les parents, le couple, les entreprises, les patrons, les politiques, les musées, les institutions religieuses, l'armée... et j'en passe. Nous vivons dans un monde bavard sous un régime de dictature : celui de la communication... à tout prix. Mai 68 n'est pas étranger à cette affaire. « Il est interdit d'interdire » fut la phrase emblématique de cette révolution efficace des esprits et des comportements. Nous fûmes alors invités à nous libérer, à libérer la parole, à co-mmu-ni-quer. Sommes-nous moins seuls pour autant ? Car, après tout, communiquer oui, mais pour quoi faire sinon pour « relationner », pour communiquer ? Bien plus que de se côtoyer, l'important n'est-il pas de se rencontrer ? Faute de quoi l'échange se réduit au bruit.

La bienveillance nécessaire

Communiquer, c'est quoi ? Parler à quelqu'un qui vous écoute, qui vous entend et qui vous répond. Et si, en plus, il y met de la bienveillance, alors c'est le bonheur. Cela suppose donc, fût-ce un instant, la rencontre réelle de deux êtres, leur communion. Voilà pourquoi l'objet de la communication relationnelle n'est autre que le bonheur... Oui, le bonheur, le vrai, le seul, celui dont Stendhal disait : « Je ne respecte rien tant au monde que le bonheur », celui des philosophes, des sages, des poètes, des amants, le vôtre et le mien. Celui qui vous fait les yeux brillants. Celui des instants fugitifs que l'on se surprend à saisir, et qui, parce qu'ils vous étonnent, vous font du bien. Et ce bien-être, si vous prenez la peine de le parler, à vous-même qui en êtes l'artisan, ou à l'autre si autre il y a, alors ce sentiment de plénitude renaît une seconde fois. En le formulant, vous le partagez... Et ne pouvant partager que ce que l'on possède, cet instant vous appartient réellement. Il vous habite et s'inscrit dans votre chair, dans votre mémoire, non seulement avec émotion mais avec des mots. Prendre plaisir au plaisir est une véritable initiation à la plus exigeante des communications : la relation à soi. Exigeante mais, plus encore, nécessaire, en ceci qu'elle enseigne l'estime de soi, sentiment préalable à l'estime de l'autre.

J'ai appris à apprendre cette forme de politesse minimum que l'on se doit, celle qui consiste à se dire qu'on est content lorsqu'on l'est, tout comme on dit d'un aliment qu'il est bon quand il vous plaît.

Ma gourmandise m'aurait-elle aidée à accéder à cette conscience ? Probablement. Car mon intérêt pour la nourriture, et plus encore pour la cuisine, disait bien mon goût pour la vie, ma capacité à créer des liens. On m'avait enseigné le sens du devoir, de la dignité — et c'est déjà beaucoup —, mais une petite voix intérieure me disait que le plaisir devait avoir sa place, et la meilleure... Velléitaire de mon propre désir, je ne me tenais pas au plus juste de moi-même, et vivre à côté de soi est un formidable gaspillage d'énergie ; on s'y épuise. Or, une bonne utilisation de l'énergie contribue fortement à vous rendre la vie plus légére. D'où l'importance du corps, de sa vitalité, de son langage, de la relation que nous entretenons avec lui. Je crois pouvoir témoigner que cette étape préalable — habiter son corps — est essentielle pour espérer réussir une communication relationnelle... Autrement dit, être en communion avec soi favorise la communion avec l'autre ; et ce processus passe autant par le corps que par le cerveau, la parole, ou bien d'autres voies. Dans ma famille, c'est la nourriture qui a été le lien (ou le liant) principal entre nous, le vecteur d'amour.

La loi des sentiments

Il faut se rappeler combien, il y a encore une quarantaine d'années, la communication parents-enfants était limitée. J'ai cinquante ans et, dans le pays où je suis née — le Maroc —, dans la famille où je suis née — nous étions six enfants —, se taire était signe de bonne éducation. Le code en vigueur était la *hchouma.* Ce mot arabe est intraduisible. Il signifie à la fois pudeur et honte. C'est un principe d'éducation qui valorise l'effacement, interdisant par là même toute expression personnelle. Il s'agissait d'obéir et non de manifester une opinion. On ne disait pas « non » — d'ailleurs, les Marocains, comme les Japonais, disent rarement « non » même lorsqu'ils le pensent, ce qui ne facilite en rien la communication.

Enfant, il était mal vu de poser des questions, et si l'on se hasardait à le faire, elles restaient souvent sans réponses. Parler à mon père était une aventure qui nécessitait une certaine forme de courage tant il incarnait l'autorité. Toute demande transitait par ma mère qui plaidait notre cause auprès de lui avec des fortunes diverses... De la même manière, ma mère nous transmettait les messages paternels et se faisait l'interprète de sa pensée. Pendant des années, je n'ai connu mon père qu'à travers le discours de ma mère — discours subjectif s'il en est. Aussi n'ai-je rencontré mon père que tard dans ma vie. Trop tard. Ses colères étaient légendaires, ses silences aussi, son humour surtout. C'était alors son regard qui disait l'agacement ou qui esquissait un sourire. Car cet homme avait du charme. Il savait rire et faire rire, ses amis prioritairement... Il aimait les fêtes, les sucreries, la musique andalouse, la nature et voyager. Sa famille aussi, certainement, mais cet amour était moins manifeste. *Car si le silence des enfants était la règle, celui des sentiments était la loi.* Les mots de tendresse étaient rares, les gestes aussi. Les effusions n'étaient pas de mise. Tout semblait retenu. Du moins est-ce le souvenir que j'en ai.

Le seul domaine pléthorique commenté et valorisé était celui de la nourriture. En cuisine, la générosité était la règle et le talent pouvait s'y exprimer sans réserve. C'est donc à travers la « bouffe » que ma mère nous disait son amour fidèle au célèbre concept de la *jewish mama.* La table était notre lieu de communion. Ma mère cuisinait toute la journée, avec plaisir et imagination, des choses exquises qui nous faisaient du bien et que nous étions fiers de partager avec nos amis. Ainsi était-elle à la fois gratifiée et reconnue, gratifiée parce que reconnue. La cuisine est restée son lieu de parole, celui où elle est entendue et sollicitée. Toute ma vie je l'ai écoutée donner ses recettes à qui les lui demandait, par cœur, sans jamais se tromper sur les quantités. Elle avait en tête des centaines de recettes sucrées et salées qu'un jour elle a bien voulu coucher sur du papier. Aujourd'hui un livre existe. Il est son œuvre. Une œuvre de mémoire et d'amour. Une invitation à communier. Un univers de pudeur où parler de soi était comme une honte, un aveu de faiblesse ; où poser une question était signe d'exhibition. Aujourd'hui, un enfant qui ne vous harcèle pas de questions, en tous lieux, en toutes circonstances, et de préférence en vous coupant la parole, suscite l'inquiétude de son entourage, constituant ainsi une véritable rente pour les thérapeutes de l'âme.

Le patrimoine essentiel

En quelques décennies, les principes d'éducation ont été totalement bouleversés. Les enfants, autrefois exclus du monde des adultes, sont désormais au centre de cet écosystème que constitue la famille. Et, bien que celle-ci ait subi des secousses violentes, souvent bénéfiques — notamment avec le travail des femmes — elle reste, selon tous les sondages, le bien le plus précieux des Français. C'est donc là, au sein de la famille (merci, Freud), que se construit principalement (merci, Jung) la personnalité de chacun d'entre nous, là que se joue notre capacité à aimer, à agir et à communier ; bref, notre savoir vivre, au sens littéral du terme. Un mélange complexe de règles codifiées et d'improvisations. Ainsi, nous nous construisons jour après jour, par tâtonnements, entre conformité et rupture, à partir d'un patrimoine culturel et affectif, fait de paroles et de non-dits. L'important est que ce patrimoine existe et qu'il soit ritualisé.

Dans mon enfance, du fait des nombreux interdits alimentaires dictés par la religion juive, et du talent de cuisinière de ma mère, la nourriture était l'objet de ce rituel. La chance a voulu que ce soit dans la joie, tissant de ce fait, entre nous, une relation d'une solidité rare jamais démentie. Depuis, chacun la reconstitue au sein de sa propre famille, sur le même schéma, et avec le même bonheur. Cela n'enlève rien au fait que les repas familiaux peuvent parfois être ennuyeux et pesants ; reste qu'il y a quelque chose de magique dans le fait de partager la nourriture que l'on a pris plaisir à cuisiner. Cette magie s'appelle « communion ». Voilà comment, en communiquant peu avec des mots, on communiait vraiment avec des mets.

J'ai longtemps cru que l'absence de communication verbale au sein de ma famille avait été néfaste pour chacun d'entre nous. C'est probablement vrai, mais moins que je ne le croyais. Le mélange de distance (peu de communication) et de proximité (communion) favorisait la conscience de la différence entre les générations et surtout l'accès à l'autonomie. Adolescente, je ne rêvais que d'une chose : quitter ma famille pour inventer ma vie. Aujourd'hui, les jeunes s'incrustent à la maison, s'en vont, reviennent et entrent dans des phénomènes de dépendance qui retardent leur aptitude à nouer des relations satisfaisantes, y compris avec leurs parents. Et, s'ils partagent un territoire, il n'en va pas de même des modes de vie et encore moins des repas. Dans les foyers où tout le monde travaille, on ne se voit plus ; au mieux on se croise, et le plus souvent on communique par *post-it* collés sur le réfrigérateur (encore la « bouffe ») et non sur la machine à laver !

Ainsi, dans ces nouvelles familles, la communication est à peu près assurée, mais qu'en est-il de la communion ?

Ne sommes-nous pas menacés de vouloir trop communiquer ? N'y a-t-il pas dans cette survalorisation une confusion entre la fin et les moyens ? Dans la communication relationnelle, la « relation » n'est-elle pas le but et la « communication » le moyen ? Cet outil est précieux mais il reste un outil, voire une boîte à outils, au service d'un projet qui s'appelle couple, famille, amitié, amour, etc. Non que le fait de se parler nuise à la construction d'un lien, bien au contraire. Mais l'important pour qu'une famille soit, pour qu'un couple soit, n'est-il pas le partage, la communion ?

Partager le pain, certes ; mais aussi une activité, une émotion, un sentiment, un chagrin ou un éclat de rire.

Lettre d'un père à sa fille

GILLES FARCET

Il est des choses qu'on oublie de dire à ses enfants, car ce n'est jamais le moment. Et puis il est tant à dire. Alors pourquoi ne pas leur écrire afin de communiquer cet essentiel que nous vivons face à eux ?

Ma fille, je voudrais te parler de ta naissance, de ce moment entre tous bouleversant où nous avons vu pour la première fois ton visage, et où tu as vu le nôtre — oui, où tu as vu le nôtre. Car quoi que l'on dise à propos de la cécité des nouveau-nés, je sais que tu nous as regardés, ta mère et moi, longuement, profondément, sinon avec tes yeux de chair, du moins avec ceux de ton âme déjà combien ouverts.

Avant tout, laisse-moi te dire que tu as voulu naître. Tu sais, ma chérie, notre destin nous échappe. Il n'est pas entre nos mains. Il nous appartient certes de faire au quotidien comme si, et d'assumer en pleine conscience nos actes et tout ce que nous prenons pour nos choix.

Quel est notre choix ?

Cependant, je crois de plus en plus qu'en vérité nous ne choisissons pas grand-chose, sinon de faire face au réel avec courage et dignité, d'une manière propre à nous faire mûrir le long de ce chemin de maturation qu'est la vie. Ce qui, peut-être, nous appartient, c'est d'opter pour la profondeur, d'utiliser l'existence et toutes ses circonstances, parfois — souvent — difficiles, pour graduellement nous ouvrir plutôt que de consentir à l'insensible dégradation à laquelle se résument tant de vies humaines.

Je me souviens très précisément de la période où tu fus conçue. Ta mère et moi avons brusquement senti, sans nous être concertés, qu'un être désirait s'incarner. Je mesurais fort bien, pour ma part, la responsabilité dont ta venue m'investirait et contre toute raison, sans doute, en dépit de nos difficultés propres comme des sombres nuages s'accumulant sur le monde, nous avons osé ne plus nous protéger et obéir à cet appel.

Tu as donc été désirée. Tu le sais. Tu n'as pas pu ne pas le sentir. Et tu t'es tout de suite manifestée. À peine avions-nous éprouvé cet appel irrationnel que tu as été conçue.

Nous t'avons parlé, presque dès que nous t'avons su en chemin immobile, dans le ventre maternel. Nous t'avons respectée et traitée en personne, dès les premiers jours.

Le matin de ta naissance — tu es née à onze heures, un 16 juin — m'est donc resté gravé.

La nuit avait été longue, sous les lueurs blafardes

de cette salle d'accouchement d'une clinique du treizième arrondissement. J'aime à me souvenir que tu as poussé ton premier cri dans le quartier chinois de Paris, cerné de senteurs exotiques et de visages aux yeux bridés.

À trente-deux ans, je ne savais pas grand-chose de l'énigme de la vie, de la naissance et de la mort. Le miracle qui s'accomplissait et dont j'étais l'un des acteurs ne me laissait pas le loisir de simplement ressentir toute la charge de mystère inhérente à ce moment où bonheur et angoisse, souffrance et extase, commencement et fin, se mêlent comme jamais. Qu'avais-je fait, qu'avions-nous fait, pour aboutir à cette apocalypse lumineuse et sanglante, à cette incontrôlable poussée par laquelle un être humain unique, porteur de nos gènes, de tel ou tel de nos traits, mais promis à son destin propre, émergeait peu à peu de la matrice ? Est-ce cela, la force de vie, cette énergie qui, sans que nous y contribuions autrement qu'en semant une graine, avait, dans le secret du giron, au fin fond de la pénombre amniotique, modelé une personne dont, quasi incrédule, je voyais maintenant pointer le crâne coiffé de cheveux noirs ?

Quelle part la mort prenait-elle à ce rite immémorial ? Il ne m'avait pas encore été donné d'assister à une agonie. Je ne crois pourtant pas m'en être senti aussi proche qu'en ces instants qui voyaient un fœtus mourir à sa condition, s'arracher à son origine pour, basculant dans la lumière crue du monde, pénétrer en milieu inconnu — traumatisme indispensable afin de devenir un vivant à part entière, comme tel candidat à la joie, à la souffrance et, finalement, au trépas, un jour, plus ou moins lointain...

Aux toutes premières heures de la matinée, avant que la vie ne fasse rage, j'étais descendu prendre un café, m'offrir pour le prix d'une pièce glissée dans la machine le réconfort d'un gobelet chaud serré entre mes deux mains. Remontant à l'étage, je ne suis sorti de l'ascenseur que pour me trouver presque nez à nez avec un tout petit bébé, probablement prématuré, avorton grimaçant dans ce qui devait être une couveuse. Seule une vitre nous séparait, et je n'ai pu m'interdire d'aller coller quelques instants mon visage contre la paroi de verre afin de contempler cette tranche de réel ainsi offerte à moi. Ils étaient deux enfants : l'un, donc, si près de moi, l'autre plus en arrière, couleur café au lait, minuscule silhouette également douloureuse dans cet appareil qui le maintenait en vie. Je les ai regardés, tellement frêles, avec leurs petits poings, leurs figures crispées sur lesquelles j'ai cru lire la détresse et l'abandon. À peine venus au monde, déjà seuls, en tête à tête avec la souffrance... En ces nourrissons luttant pour parvenir à vivre, j'ai soudain vu des vieillards dans la déréliction de la dernière maladie. Cette image dure, dénuée de sens, s'est attachée à mes pas jusqu'à ce que je parvienne à la porte de la chambre où tu allais naître. Je te l'ai dit, j'étais heureux, violemment heureux. Mais la vision brutale de ces créatures recroquevillées sous la couveuse m'avait sans ambages confronté à l'une de ces évidences que nous nous entendons, d'ordinaire, à occulter : maillon dans la chaîne de la vie, je l'étais, du même coup, dans celle de la douleur, de l'isolement, de l'agonie. Tu souffrirais et mourrais. Peut-être serais-tu un jour l'un de ces malades qui, entre ces mêmes murs, se trouvaient en cet instant relégués à l'angoisse de leur fin pressentie, corps jadis potelés, corps désirés et aimés, carcasses à présent décharnées, livrées à la crucifixion hospitalière.

La plus forte histoire d'amour

Je repensais à cette parole si belle que m'avait dite un homme de bien, un philosophe du nom d'André Comte-Sponville, alors que je lui demandais comment le « désespoir » qu'il professait avait pu l'autoriser à devenir père : « On ne fait pas des enfants pour le bonheur, m'avait-il répondu, ni pour le sien, ni même pour le leur. Mes enfants n'ont pas augmenté ma part de bonheur... Sans doute la vie sans eux serait-elle plus facile. Mais on ne fait pas des enfants pour que la vie soit plus facile. On fait des enfants pour l'amour et par l'amour. Ce que je sais d'expérience et qui prouve au moins quelque chose sur moi-même et sur ma vie, c'est que ce que j'ai vécu et vis avec mes enfants est de très loin la plus forte histoire d'amour dont j'aie jamais été capable. Je sais aussi que si nous vivons, si nous continuons cette difficile aventure qu'est la vie, c'est par amour... »

Comme ils m'avaient parlé, comme ils me parlaient à présent, ces mots d'ami de la sagesse, ces mots d'humain blessé de son humanité même acceptant d'exister au plus près de sa blessure et ne trouvant de sens que dans l'impensable de l'amour !

L'amour ne prodigue pas de réponses hormis celle, absolue, par laquelle il nous signifie qu'il est à lui-même sa propre justification, l'alpha et l'oméga de notre être. L'amour nous questionne, il nous accule à cheminer.

Le regard initial

Rentrant dans la chambre où nous allions bientôt voir de nos yeux de chair cette personne qui serait à jamais notre enfant, qui tout au long de sa vie, jusqu'au jour de sa mort, nous aurait pour parents, quelques séparations que l'avenir nous impose, je me sentais au seuil d'une nouvelle et immense aventure affective qui, à l'instar de tout amour, allait me contraindre à aller de l'avant, à approfondir ma relation au vivre et au mourir.

Soudain, tu as été là : créature vagissante aussitôt posée sur le ventre de ta mère, fragile apparition issue d'un autre monde, si proche et si lointain. Je revois le visage, j'entends la voix de l'infirmière qui nous annonça que tu étais une fille. En cet instant, curieusement, je ne me posais pas la question de ton sexe. Il me suffisait que tu sois là. Je me revois accomplissant mon premier geste de père, celui de couper le cordon qui te reliait encore à cette existence fusionnelle qu'il te fallait à présent peu à peu laisser derrière toi.

Puis vint très vite le moment de te prendre dans mes bras. Au fil de séances préparatoires à ta venue, on m'avait enseigné à porter un nouveau-né, aussi ne me sentais-je ni gauche ni apeuré, mais saisi d'un sentiment qu'il faut bien qualifier de sacré.

Pour la première fois, donc, je t'ai prise contre moi, et la durée s'est comme dissoute. Tu m'as regardé, nous nous sommes regardés.

L'expression sérieuse et étonnée de tes yeux rivés dans les miens ne me quittera plus jusqu'au moment de ma mort. Il m'a semblé lire en toi toute la gravité du monde, comme une insondable attente et aussi quelque chose de pensif. Le mot peut faire hausser les épaules, appliqué à un nouveau-né, et pourtant... Ma chérie, ce regard initial entre nous m'a pour toujours rendu vulnérable, d'une vulnérabilité particulière, celle qui découle de l'audace d'aimer et de se laisser aimer sans retenue et sans retour. C'est avec toi que j'ai vécu ma première véritable histoire d'amour adulte. Adulte, oui : car il est un amour infantile, que beaucoup passent leur vie à réactiver avec des partenaires en lesquels ils investissent toutes leurs attentes d'enfants déçus, pour immanquablement aboutir à de nouvelles déconvenues, cela jusqu'à l'amertume ou à la résignation. Cet amour immature ne sait qu'exiger, implorer, menacer, prendre. L'amour adulte, lui, celui d'un parent envers son enfant, mais aussi celui que l'homme et la femme dignes de ce nom ont le privilège de partager, est synonyme de don et de responsabilité. Cet amour-là est un acte, qui procède d'un état d'être.

Lorsque tu es venue, je ne savais pas encore aimer de cet amour-là. Disons que je m'y essayais, sincèrement, maladroitement. Ton arrivée m'a pour ainsi dire contraint à incarner cette exigence. Non que je prétende aujourd'hui y être pleinement parvenu, loin de là. Du moins est-ce davantage pour moi une réalité approchée au quotidien. Tu es, au jour le jour, un petit-grand maître d'amour.

Non, vraiment, jamais je n'ai regretté d'avoir relevé le défi que tu m'as lancé en demandant à venir.

Le placard, un souvenir d'enfant

Dans la maison de mon enfance, à proximité de la porte d'entrée, il y avait dans un angle un placard. Un petit placard pas très grand, étroit avec deux portes et je crois me souvenir qu'on y rangeait des vêtements.

C'est là que je me réfugiais quand le monde extérieur me bousculait, me faisait mal. Je devais avoir entre cinq et sept ans. Je m'y précipitais, refermais hâtivement ses portes sur moi.

Je pouvais y rester recroquevillée des heures durant, du moins me semble-t-il. Telle une mère accueillant son enfant dans ses bras, dans ce petit placard, je me sentais à l'abri, protégée, dans le noir et le silence.

Silence qui me surprenait, quand ma colère, ma rage, ou mon impuissance enfantine se calmait, que le chagrin enfin, et que je pouvais le laisser couler en des larmes que je ne voulais pas montrer au-dehors.

Et puis comme si je sortais d'une anesthésie, les bruits de la maison, les voix de mes sœurs ou des personnes circulant alentour, me rejoignaient, assourdis, créant un appel à reprendre contact, à reprendre vie.

Mais le plus difficile restait à faire, car je savais que

personne ne viendrait me chercher, qu'il ne dépendait que de moi de sortir de ce refuge.

Après beaucoup d'hésitations, j'écartais doucement les petites portes et tel un papillon sortant de sa chrysalide, j'osais affronter « les autres » comme je les appelais dans mon for intérieur. Un « Ah ! te voilà, où étais-tu donc passée ? » ou bien : « Tu as fini de bouder ? » m'accueillait, et je sentais aussitôt mes barricades se dresser, mes poings se serrer, mais le plus souvent, c'était dans l'indifférence totale que je retournais jouer ou me mettre à table selon le moment où ce petit incident se produisait et c'est là ce que je préférais entre tout !

Ce petit placard est devenu, par la suite, un souvenir attachant, un symbole de ces moments de dépression, de repli quand la tristesse me submergeait, un moyen de me ressourcer aux forces vives de l'archaïsme, pour des temps nécessaires à la réflexion ou encore pour faire des choix.

Aujourd'hui, il m'amène à sourire, mais je sens ce que cela sous-tend quand même dans le langage de tous les jours, lorsque j'entends dire : « J'ai été mis au placard », ou bien : « J'ai dû me mettre au placard », que ce soit par des hommes politiques, des personnes à poste de responsabilités, quand les événements, les conflits vous heurtent au point de mettre l'individu dans l'obligation de renoncer.

Dans une autre dimension, il me relie aussi à la vie et à la mort, à l'alternance du positif et du négatif, au mouvement infini de tous ces passages nécessaires, qui forgent toute une vie, et conduisent à la confiance et à l'espérance.

J'aime retrouver au fond de mon cœur ces paroles de

ma mère qui, en une apparente boutade, disait : « Tant qu'on est vivant, on n'est pas mort ! », disant ainsi la réalité éprouvée, les souffrances traversées, la vie trouvée.

Même après Hiroshima, l'herbe repousse dans les ruines ! Alors...

Rose-Marie Astulfoni

Du dialogue à l'école

AGNÈS DONON

La communication relationnelle se découvre et s'invente, se vit et se poursuit au gré de la découverte de soi-même. Espace de différenciation et d'autonomie, elle s'affirme comme une évidence dans la reconnaissance de soi et de l'autre, en route vers plus d'humanité et d'existence.

Lorsque l'élève franchit le portail de l'école, il ne laisse pas l'enfant qu'il est à la porte, et cet enfant a besoin d'être considéré et accueilli dans sa globalité.

Trouver sa place

En début d'année, chacun, qu'il soit enseignant ou élève, arrive avec une histoire, un vécu, une expérience et, à partir de ce qu'il connaît déjà, va devoir trouver sa place dans ce microcosme qu'est la classe. Les enseignants savent combien est importante la prise de contact. Les premières heures de cours vont souvent décider du reste de l'année. Il y a les partisans de l'autoritarisme qui dès les premiers instants vont établir un rapport de force qui leur est favorable. Et, à l'autre extrémité, ceux qui n'osent pas se positionner, et permettent un rapport de force inverse où ce seront les élèves qui feront la loi. Dans un cas comme dans l'autre, c'est la guerre ! Les chahuts sont une réponse à cette prise de pouvoir. J'entendais un directeur de collège me dire : « Cette année, les enseignants n'ont rien pu faire à cause de quelques élèves ! »

Entre deux, se trouvent ceux qui expérimentent sur le terrain, avec courage et ténacité, tels des pionniers, se rendant compte que leur formation n'est pas adaptée et qu'il ne suffit pas de vouloir faire passer un savoir pour faire de l'enseignement. Si l'enfant a d'autres préoccupations, celles de se situer face à ses comparses ou de savoir ce qu'il va trouver le soir en rentrant chez lui, il est comme un récipient déjà plein dans lequel rien ne pourra entrer.

Le droit à la parole

Favoriser la mise en place d'un « espace de parole » dans la classe : à chaque retour en salle de classe, les enfants qui ont quelque chose à dire peuvent venir devant le tableau et disposer d'un temps pour être écoutés. Cet espace proposé par l'enseignant n'est pas systématiquement utilisé. Par contre, à certains moments, ils peuvent être plusieurs à vouloir prendre la parole.

Les thèmes abordés sont très variés : présentation d'un livre que l'un a lu, d'un document qu'un autre a trouvé en rapport avec un sujet étudié, donner un écho aux disputes et malentendus dans la cour de récréation ou des propositions concernant l'organisation d'un jeu, d'une fête, d'un travail, mais aussi expression d'un ressenti, d'une émotion plus personnelle...

Ces temps de parole permettent à l'enfant qui arrive porteur d'une préoccupation de la déposer et ainsi de retrouver une qualité d'attention et une ouverture envers de nouvelles connaissances.

Un travail plus approfondi (intervention d'une heure par mois, s'appuyant essentiellement sur les méthodes proposées par Jacques Salomé) a permis de faire évoluer cet « espace de parole » vers un véritable « espace de communication ». L'utilisation du bâton de parole (celui qui le prend a le droit de parler de lui et d'être écouté) et de l'écharpe relationnelle (le lien qui symbolise la relation entre deux individus) prend en compte les deux besoins fondamentaux de tout être humain : le besoin d'appartenance, de reliance à une personne ou à un groupe (famille, classe...) par des relations proches et vivantes et le besoin d'être reconnu comme un individu unique avec des besoins et des capacités qui lui sont propres.

Dans ces temps de parole, la représentation symbolique des éléments en jeu (par un objet ou une personne) permet de visualiser la situation, d'en faire un schéma qui favorisera la clarification et évitera, par exemple, de confondre l'enfant avec ses résultats scolaires ou son comportement. Progressivement, cette représentation amènera à entendre toute expression, tout comportement, comme un langage.

Une école pour grandir

Apprendre à communiquer, c'est apprendre à se situer face à l'autre, à s'individualiser, ce qui signifie devenir un être entier et autonome. C'est apprendre à se responsabiliser et mettre en valeur ses compétences. Loin d'être une perte de temps, ces « espaces de communication » créent une cohésion au sein du groupe, un regard bienveillant des uns sur les autres, une stimulation des ressources de chacun amenant à de meilleurs résultats, une baisse de l'agressivité et une régulation des énergies, celles-ci n'étant plus gaspillées en bavardages et en règlements de comptes.

Le bien-être émotionnel favorise grandement le fonctionnement de la mémoire et stimule les capacités créatrices.

Laisser la parole aux élèves, c'est aussi construire le cours en s'appuyant sur ce qu'ils savent déjà, leur donnant ainsi la possibilité d'être acteur de leur apprentissage et d'en enregistrer les données de façon plus durable. Cela demande à l'enseignant de prendre du recul et de n'être pas trop pressé de montrer que lui sait ou qu'il a la seule réponse valable. C'est entrer dans une relation de collaboration et non de pouvoir.

C'est aussi permettre aux élèves de structurer leur pensée, de l'exprimer en public et d'oser se montrer devant les autres avec des idées, un point de vue personnel. C'est donner la possibilité de relier les apprentissages à un vécu. Et ainsi favoriser l'intégration de la lecture et de l'expression écrite.

C'est, bien sûr, apprendre aux autres à écouter et peut-être à entendre, ce qui ne veut pas dire se sentir responsable des difficultés de l'autre, mais seulement accepter de le voir dans son entièreté, avec ses obstacles et aussi ses ressources.

Le rôle social de l'école

Selon la loi, l'école n'est pas obligatoire. Seule l'instruction l'est. Aujourd'hui, par la télévision, les médias, l'informatique, et demain, par la télévision interactive, un enfant peut et pourra acquérir seul autant de connaissances qu'il le souhaite pour faire son chemin dans la vie.

L'écolier, l'élève, l'étudiant apprend à l'école des choses plus essentielles. Il y apprend la vie, en se séparant de sa famille, en se confrontant à des inconnus en structurant son individualité, en gérant de nouvelles relations. Il y acquiert des expériences relationnelles indispensables pour l'adulte de demain. L'accompagner, sans le prendre en charge, dans ces situations quotidiennes et proposer des repères devient de plus en plus urgent pour lui permettre de grandir vers plus de responsabilité et d'autonomie.

Le rôle social et éducatif de l'école n'est plus à démontrer. Le rôle de l'enseignant en tant que travailleur social, éducateur, ni parent ni soignant, reste encore à valoriser. La formation des enseignants de demain reste à structurer vers une dimension relationnelle, non pas laissée à l'improvisation de chacun, mais faisant l'objet d'une véritable méthodologie.

Pour demain, il faut à l'école des accompagnateurs de la vie, des cultivateurs de ressources, des chercheurs de facultés.

Supplique d'un enfant grandissant

Maman, toi qui m'as donné la vie, ne me la reprends pas... Pour que je puisse grandir, j'ai besoin d'une place, non plus la tienne, mais une place à moi, celle que je choisis. Quand je te dis : « Je me casse, je me tire, je m'arrache », ce n'est pas de moi, dont je parle, mais de la relation. C'est difficile pour moi de m'éloigner. J'ai besoin que tu m'encourages. Quand je fugue, c'est surtout pour voir si je peux me passer de toi. Si tu appelles les gendarmes, je n'ai même pas le temps d'avoir peur et, au retour, je me sens responsable de ton angoisse.

Parfois j'étouffe dans la relation que tu me proposes. J'ai envie de voir le monde, de savoir de quoi je suis capable, de vivre parfois le risque pour sentir que je suis bien vivant. Si tu accours chaque fois comme quand j'étais petit, j'entends surtout que tu me vois comme incapable de me débrouiller sans toi. Où puis-je aller faire mes expériences si, à la maison, tu es présente partout ? Comment puis-je devenir responsable si tu ne m'en laisses pas les moyens ? Si tu fais tout pour moi, bien sûr c'est confortable, mais ce confort m'empêche de m'éloigner. J'apprends que mes désirs sont tout-puissants et que tu es là pour les satisfaire.

Je ne sais rien de moi que ce qui me vient de toi. Je ne sais rien de toi que tes désirs sur moi.

Fais des projets sans moi, pour que je puisse en faire pour moi.

J'ai fait beaucoup pour te faire plaisir et je n'ai reçu que ton inquiétude.

Je ne veux plus me sentir responsable de ton bonheur ou de ton malheur.

Ne confonds plus ton mari et mon père. Laisse-moi décider de ce que je veux partager avec lui. Tes interventions nous éloignent au lieu de nous rapprocher.

J'ai besoin de ta présence, de ta confiance et de ton intérêt, mais je veux apprendre à faire pour mes besoins.

Je veux vivre un peu pour moi et découvrir mes propres désirs, prendre des risques et me construire pour me sentir vivant et entrer dans la vie avec le cœur battant.

Agnès Donon

Charte de vie relationnelle à l'école

JACQUES SALOMÉ

Une crise croissante affecte les écoles, collèges et lycées : professeurs débordés, assaillis, enfants rackettés, drogues et même un début de criminalité, les problèmes et exemples s'accumulent. On accuse l'enseignement, peu adapté à des temps nouveaux, la violence à la télévision, la démission des parents... Mais qui nous parle du désert des relations humaines ? Que faire pour y remédier ?

Chers vivants. Chers vivants pour ne pas dire chers survivants de l'incommunication généralisée [1]... Car ce que je vais rappeler, développer ou simplement vous présenter aujourd'hui devrait éveiller suffisamment d'échos en chacun, pour prendre le risque de s'engager de façon active à développer des communications plus vivantes dans les relations humaines au quotidien de la vie. Et cela dans quatre grandes directions. Avoir de meilleures relations :

1. Texte présenté à Montréal au Congrès de l'Association québécoise des troubles de l'apprentissage en avril 1995.

• *Avec soi-même* ou comment être un meilleur compagnon pour soi. Ma grand-mère disait que la pire des solitudes n'est pas d'être seul mais de s'ennuyer en sa propre compagnie !

• *Dans la vie amoureuse ou dans le couple.* Au-delà de la rencontre, créer une relation de durée dans laquelle chacun des partenaires a le sentiment d'exister à temps plein.

• *Dans la famille.* Celle que nous avons créée si nous avons des enfants et celle dont nous sommes issus.

Ai-je pu créer dans ma famille actuelle des relations de confrontation avec mes enfants ? Suis-je suffisamment autonome face à ma famille d'origine, suffisamment délié pour avoir pu m'allier avec un homme, une femme extérieure à ma famille ?

Vous savez certainement que les relations que nous entretenons avec nos propres parents sont souvent « énergétivores ». Nous sommes souvent pour eux des ex-enfants et malgré l'amour et l'affection qu'ils nous portent, que nous avons pour eux, il y a beaucoup de contentieux, de tensions, de malentendus entre eux... et nous !

• *Dans le monde du travail,* en rappelant simplement que travailler c'est vendre en moyenne huit heures de sa vie par jour et que la vraie question n'est pas tant combien je la vends, ma vie... mais comment je la vends ?

Il est urgent d'apprendre la communication à l'école

Pour revenir au propos plus central de mon exposé, il ne s'agit pas de s'interroger une fois de plus sur l'éducation mais de proposer un changement très concret dans l'éducation, à savoir : *un enseignement des relations humaines considéré comme une matière à part entière dans tout le cursus scolaire.*

Il y a déjà, et il y aura plus encore dans quelques années, beaucoup de malentendus, de violences et de souffrances dans les écoles. Les situations scolaires entre enfants et adultes seront, je le crois, douloureuses, très douloureuses dans les années à venir. Le corps enseignant est déjà une des branches professionnelles parmi les plus menacées par le stress, la fatigue, les somatisations défensives.

C'est peut-être d'une grande banalité de l'affirmer ainsi, mais il me paraît d'une grande urgence de le rappeler. Je sais qu'avec le petit texte qui va suivre je vais peut-être en irriter plus d'un, veuillez me le pardonner.

Appel aux enseignants

Pour ne plus entretenir la relation en-saignant/en-saignée toujours trop douloureuse pour les uns et pour les autres !

J'en saigne ou je forme ?

Si j'en saigne, je tente de transmettre du savoir et du savoir-faire.

Si je forme, je transmets aussi du savoir-être du savoir-créer, du savoir-devenir.

Ne jamais oublier : que la relation en-saignant/en-saignée est toujours une relation douloureuse — pour le saignant pour le saigné ! Que la transmission d'un meilleur savoir-être, d'un savoir-créer plus inventif et d'un savoir-devenir plus dynamique, passe par une formation aux relations humaines.

Enseignants, mettez-vous à l'écoute. Découvrez l'écoute ouverte, développez l'écoute active, osez l'écoute participative, et amplifiez l'écoute agissante.

Donnez-vous les moyens d'avoir des communications plus vivantes et des relations en santé entre vos élèves et vous.

Trois points clés

Oui, il ne suffira plus pour les enseignants de transmettre du savoir et du savoir-faire il leur faudra ainsi développer du *savoir-être*, du *savoir-créer*, du *savoir-devenir*.

Ces trois derniers points passent par un apprentissage possible, méthodologique et exigeant de la communication. Et je vois cela possible. Je me bats depuis bientôt vingt-cinq ans pour qu'on enseigne la communication à l'école.

Je sais qu'il y a aujourd'hui un grave malentendu : les enseignants pensent que tout ce qui concerne la communication et les relations doit rester l'apanage de la famille et la famille, qui se sent de plus en plus démunie, donne « mission implicite » aux enseignants de faire... ce qu'elle ne fait plus.

Je considère aussi qu'il y a plusieurs révolutions intrapersonnelles à faire dans le domaine des relations humaines.

La première révolution serait de sortir du mythe du « spontanéisme » : apprendre que communiquer est naturel, qu'il suffit d'un peu de bonne volonté, d'un zeste d'amour ou d'un soupçon de vigilance pour que cela soit possible, pour que tout se passe bien. Cette croyance très répandue relève de l'angélisme ou de l'aveuglement. Cette mythologie entretient ainsi un système un peu pervers : l'accusation trop fréquente de l'autre (« c'est ta faute, on ne peut pas parler avec toi, tu as toujours raison... ») ou l'auto-accusation (« oui, mais moi je n'ai pas fait d'études », « toi tu as eu la chance d'avoir des parents qui t'aimaient »).

Si communiquer signifie « mettre en commun », le fait de mettre en commun n'est pas naturel à beaucoup. Développer des communications vivantes et s'ouvrir ainsi à des relations en santé, cela s'apprend. Cela s'apprend à tout âge mais il faudrait commencer le plus tôt possible.

Imaginez un instant la circulation automobile actuelle dans laquelle personne n'aurait passé de permis, où chacun conduirait avec ses propres règles personnelles, ses propres codes et imaginerait qu'autour de lui les autres auraient les mêmes références ! Il resterait en effet quelques survivants sur les routes !

Les cinq signes

Il y a cinq signes qui devraient nous alerter et stimuler des changements possibles :

- *Une augmentation sensible de la pollution relation-*

nelle dans le sens où s'accumulent des déchets relationnels. Il y a un parallèle étonnant entre écologie et relation. Dans la famille élargie d'autrefois, un conflit entre un enfant et ses parents pouvait être médiatisé par les grands-parents, les oncles, les tantes ; la zone d'épandage relationnelle était importante, accessible. Dans le couple « nucléaire » d'aujourd'hui, dans la famille monoparentale, il n'y a plus de zones d'échange ouvertes, chacun est confronté au désarroi de l'autre. La pollution inévitable, naturelle de toute relation vivante n'est plus prise en charge, elle s'accumule et détériore les possibles d'un échange.

• *Le couple :* aujourd'hui deux couples sur quatre se séparent. Ils se séparent non parce qu'ils ne s'aiment plus mais parce qu'ils ne sont pas arrivés à développer une relation vivante entre eux.

• *La maladie :* malgré les progrès fabuleux de la médecine et de la chirurgie, il y a de plus en plus de gens malades. La consommation de médicaments bat des records. Nous ne sommes malades que d'une seule maladie : l'*incommunication.* Nous n'avons pas pris suffisamment conscience que les maladies, quelles que soient leurs causes, sont des langages symboliques, métaphoriques. Quand il y a le silence des mots se réveille la violence des maux. Cela, Freud avait tenté de nous le dire il y a plus d'un siècle... La médecine (comme la pédagogie) risque d'être aujourd'hui dans une impasse. Elle sait soigner, elle ne sait pas guérir.

• *La solitude :* en quelques décennies, comme la couche d'ozone, la sphère de la communication intime s'est appauvrie. Il y a une augmentation de la paupérisation relationnelle. Une nouvelle classe de pauvres est née : ceux qui sont aujourd'hui dans la survie relationnelle. Il y a les sous-alimentés de l'échange, les déshérités du partage, les affamés d'une convivialité qui se dérobe.

• *L'école :* avec l'augmentation de la violence, du racket, avec la prolifération précoce de la consommation de drogues, l'absence de valeurs, le milieu scolaire devient de plus en plus anti-relationnel.

C'est le retour au néolithique en matière d'échanges, il suffit d'écouter « parler » un groupe d'adolescents dans un square pour en avoir la confirmation — borborygmes, mots fétiches, phrases clichés.

Un Sahel relationnel

Je ne donne ici qu'une faible idée de l'incommunication qui circule aujourd'hui entre les êtres. Certaines personnes ont le sentiment qu'elles survivent, que le Sahel relationnel n'est pas au Sahara mais bien à nos portes, dans nos cuisines et nos chambres à coucher, dans nos écoles et bien sûr dans nos lieux de travail. Je ne fais pas ici du catastrophisme et certains d'entre vous œuvrent et vivent peut-être des expériences de vie relationnelle qui ne sont pas aussi négatives.

Communiquer, cela s'apprend à partir de la mise en pratique de quelques règles d'hygiène relationnelle et de quelques outils pour créer des relations en santé. Mais pour apprendre à communiquer, encore faut-il établir les bases d'une relation de réciprocité. Je n'invite ni au pessimisme catastrophique ni à l'aveuglement, mais à la conscientisation d'une urgence qui devrait nous entraîner à un engagement personnel plus marqué et proposer une voie de cohérence en matière d'éducation globale.

Une autre révolution à faire dans l'enseignement sera de quitter le système question-réponse. Système pervers qui conditionne un enfant à ne pas donner sa réponse mais à produire celle que le maître attend, celle du livre, c'est-à-dire la *bonne* réponse. Changer ce système ouvrira à la créativité, à la liberté d'être et à une plus grande fluidité dans les échanges. Nous avons pris conscience, par d'innombrables témoignages, combien ce système peut développer de doutes, de non-confiance et de dépendances implicites chez un enfant et plus tard chez l'adulte.

Une troisième révolution à introduire sera de considérer la communication comme une matière d'enseignement à part entière, au même titre que le calcul, l'histoire, la biologie et l'introduire dès la maternelle comme un support d'apprentissage.

Je le redis, il ne suffit plus aujourd'hui de proposer ou d'imposer des « savoirs » et des « savoir-faire », mais d'offrir des références, des témoignages et des expériences pour développer et prolonger un savoir-être, un savoir-créer et un savoir-devenir dans un monde en mutation.

Aussi, pour introduire l'une ou l'autre de ces révolutions dans l'enseignement, ai-je pensé à une

Charte de vie relationnelle à l'école[1] susceptible de proposer quelques règles d'hygiène relationnelle qui permettront d'établir un contrat de mieux-être entre :

— enfants et adultes ;
— enfants et enfants ;
— adultes et adultes.

« Dans ce monde d'aujourd'hui, il était une fois, seulement une fois, un enseignant et un groupe d'enseignés qui échangèrent sur leurs façons de communiquer, sur leurs attentes, sur leurs souhaits réciproques, pour de meilleurs partages, pour agrandir leurs possibles de mise en commun, durant le temps d'une année scolaire. Ils imaginèrent alors de définir les modalités d'un projet à bâtir ensemble. Ils jetèrent les bases d'un accord recevable à la fois par les uns et par les autres, ils construisirent ce qui allait devenir une *Charte de vie relationnelle* entre un élève et un adulte et, peut-être aussi et surtout, entre un enseignant et ses élèves. »

Voici quelques articles de cette charte concernant chacun de ces quatre grands chapitres.

Charte de vie relationnelle entre enfants et adultes

J'imagine qu'un enfant puisse nous dire : « Comme enfant, voilà ce que j'attends de vous, mon enseignant, qui m'accompagnera durant une année scolaire. » Peut-être chaque enfant trouvera-t-il d'autres mots, d'autres expressions pour le dire, mais l'essentiel est ici énoncé :

• J'attends de vous d'être considéré comme un

1. Albin Michel, 1995.

sujet en évolution, « un être apprenant » et non comme un objet d'apprentissage ou de gavage.

• J'attends et j'espère de vous d'être reconnu tel que je suis, et non tel que voudriez que je sois. Je ne veux pas représenter le portrait-robot de l'élève standardisé à tel niveau, dans telle et telle matière. Dans ma classe, comme dans ma famille, je suis un être unique, un enfant, un adolescent qui affronte cette tranche de vie avec des erreurs, des difficultés, des limites, mais aussi avec infiniment de ressources. J'ai des enthousiasmes ou des réticences, des possibles à laisser naître, avec votre écoute et votre disponibilité à l'échange.

• J'attends de vous, mon professeur, d'être écouté parfois dans ce que je vis, dans ce que je ressens, dans ce que j'imagine ou dans ce que je rêve. Ne m'enfermez pas dans vos réponses à vous, dans votre savoir, dans vos attentes. Ne restez pas exclusivement au niveau des faits, de la logique, ne vous réfugiez pas dans des références normatives ou des raisonnements.

• Je souhaite avoir devant moi un adulte qui soit capable de m'entendre, même dans mes hésitations, dans mes contradictions et dans mes tâtonnements. Un adulte qui puisse recevoir mes interrogations, mes désirs et mes peurs..., sans les prendre nécessairement en charge, sans se sentir obligé de les résoudre ou de s'y opposer.

• Je désire que vous ne parliez plus sur moi, à des collègues, à mes parents, aux autres élèves, mais surtout que vous preniez le risque de me parler à moi, directement, dans un échange personnalisé.

• J'imagine qu'il vous serait possible de valoriser ma production, quelle qu'elle soit. Pourriez-vous ne pas seulement souligner mes fautes, mais mettre en évidence mes réussites ? Par exemple avec un crayon bleu ciel, encadrer les mots que j'ai écrits justes — le crayon rouge bien connu étant réservé à me sensibiliser aux erreurs et aux ajustements qu'il m'appartiendra de faire.

• J'attends que vous ne portiez pas de jugements de valeur ou d'appréciations sur ma personne. Je peux accepter d'être évalué et confronté sur ce que je fais ou ce que je dis, sur ce que je ne fais pas ou ne dis pas, mais je vis comme difficile, douloureux, blessant et humiliant même d'être mis en cause dans ma personne. Je suis extrêmement sensible à l'injustice, et chaque fois que nous aurons, vous et moi, la possibilité d'échanger sur nos perceptions différentes, d'un même événement, nous aurons plus de rapprochement possible.

• Le plus difficile à dire, peut-être, et le plus important cependant, à faire entendre, c'est quand j'ose imaginer un professeur — vous en l'occurrence — qui accepte de se remettre en cause, dans le sens où il saurait témoigner parfois de lui. Quand j'entends sans arrêt, au-dessus de ma tête, des remarques désobligeantes, des paroles « dénigrantes », des plaintes ou des accusations, des disqualifications ou des étiquetages tels que : « Tu as de grosses difficultés, tu ne comprends rien, tu devrais faire un effort, tu es trop dispersé, tu n'as aucune attention, tu n'arriveras jamais à rien », cela me ferme et renforce mon repli ou mon opposition. Je rêve d'un enseignant qui accepte de se remettre en cause et puisse me dire que c'est lui qui est parfois en difficulté avec... moi.

Charte de vie relationnelle entre adultes et enfants

De son côté, comme adulte et comme enseignant, voici ce que pourrait dire un professeur, une enseignante. Voici comment il pourrait énoncer ses attentes à l'égard d'un enfant, comment il pourrait se positionner face aux élèves d'une classe donnée :

• Nous ne nous sommes pas choisis et nous n'avons pas désiré, pour beaucoup d'entre nous, être ensemble, mais nous pouvons envisager d'aménager, de négocier, vous et moi, les conditions de notre « espace-temps » de vie commune.

• Pour cette année scolaire à venir, il ne m'appartient pas de vous proposer seulement la perspective d'une réussite ou de résultats extraordinaires, mais de mettre aussi en œuvre avec vous, une sorte de « contrat de bien-être ». C'est-à-dire, plus concrètement et grâce à l'application de quelques règles d'hygiène relationnelle, l'opportunité d'un mieux-être et d'un mieux-vivre ensemble, dans cet espace de vie qu'on appelle une « classe ».

• Je dispose de beaucoup de connaissances, d'un savoir certain, de quelques savoir-faire et d'une compétence dans de nombreuses matières scolaires que je suis chargé de vous transmettre, que je peux partager et que je souhaite agrandir éventuellement avec vous. Cela surtout, au travers d'un *savoir-être,* d'un *savoir-créer* et d'un *savoir-devenir* tout au long de cette année scolaire.

• J'ai des projets collectifs pour l'ensemble de la classe, mais j'ai aussi des désirs plus individualisés à l'égard de chacun d'entre vous. Les projets collectifs dépendent surtout du programme. Les projets individualisés seront à négocier avec chacun, en fonction de ses centres d'intérêts, de ses engagements ou de sa disponibilité.

• Je souhaite pouvoir vivre avec vous des relations de confrontation et non vous imposer ou subir des relations de soumission ou d'opposition, qui ont généralement tendance à dominer dans la plupart des échanges adultes/enfants et polluent le climat scolaire de beaucoup de classes. Je vous le dis dès maintenant, je serai très sensible au climat de notre classe. Et même si le beau temps ne règne pas toujours, c'est vers lui que je tendrai ! Dans le système d'interactions et d'échanges multiples qui nous implique mutuellement, je veillerai à privilégier une relation d'autorité [1] plutôt qu'une relation de pouvoir.

Dans cette perspective, j'ai donc besoin de votre collaboration, sur les bases suivantes :

Au niveau de mes demandes, je souhaite pouvoir être entendu dans l'ordre des invitations, des propositions stimulantes, plutôt que d'être conduit à introduire des exigences — ce à quoi je sais cependant recourir, si nécessaire, mais ce n'est pas ma tasse de thé !

Au niveau du donner, je préfère pouvoir me situer dans l'ordre de l'offrir et de la créativité, plutôt que dans celui de l'imposition.

Au niveau du recevoir, j'espère pouvoir être amené à rester dans l'ordre de l'« accueillir » et de l'ampli-

1. Avoir de l'autorité, c'est avoir une influence qui permet à l'autre d'être auteur, créatif, pour l'inviter à être plus lui même. Ne pas confondre autorité et pouvoir. Le pouvoir est lié à une influence qui s'exerce par une contrainte, l'autoritarisme étant la pathologie de l'autorité.

fication, plutôt que de passer dans l'ordre du prendre ou d'être renvoyé à des frustrations.

Au niveau du refuser, j'attends de vous plutôt un non d'affirmation qu'un non d'opposition. Chacun d'entre nous, suivant les circonstances, peut être amené à se positionner par un refus, il lui appartiendra alors, d'en évaluer le sens, les conséquences.

Charte de vie relationnelle entre enfants et enfants

Comme enfant, voici le minimum que j'espère de la part des autres enfants de la classe ou de l'école. Comme compagnon de scolarité, de jeux et de vie, voici ce que j'attends de mes pairs, c'est-à-dire des camarades de classe qui m'entourent :

• Je veux pouvoir, dans la cour de récréation ou ailleurs exprimer des idées, un point de vue ou une opinion personnelle sans être aussitôt disqualifié et traité avec un adjectif débilitant.

• Je suis très sensible à tout ce qui touche à mon physique et à mon corps. Les surnoms qui s'y rapportent ne sont pas bons pour moi. Ils peuvent être de véritables poisons qui m'handicapent dans mes apprentissages ou ma disponibilité.

• Si je me confie à un camarade, à l'intérieur d'une relation de confiance, ce que je lui dis doit rester dans cet échange et n'a pas à être utilisé contre moi devant d'autres.

• Le racket, la violence ou la diffusion de la drogue n'existent que parce qu'ils sont cautionnés par le silence des uns et des autres. Chaque fois que je m'ouvre à une parole plus libre, c'est un peu plus de vie que j'introduis dans mon existence.

• Dans toute classe il y a des clans, des sous-groupes ou des bandes. Je ne prétends pas m'entendre avec tous. J'ai moi aussi des préférences, des affinités, des centres d'intérêt qui me font faire des choix de personnes et d'amis. Je veux me respecter dans mes choix actuels et être entendu dans mon évolution, accompagné dans mes changements.

• Ma vie scolaire n'est qu'une partie de mon existence. Même si elle est importante pour moi, l'essentiel se passe parfois ailleurs. Mon intimité m'appartient et son respect me tient à cœur.

Charte de vie relationnelle entre enseignants et enseignants

Comme adulte-enseignant, voici ce que j'attends de mes autres collègues enseignants :

• D'avoir un lieu de paroles où je puisse me dire... et être entendu.

• Quand je parle de mes difficultés c'est de moi dont je parle. Il ne s'agit pas de me faire un discours « sur les familles qui ne sont plus ce qu'elles étaient, » ni sur les enfants d'aujourd'hui ou sur les programmes trop surchargés.

• J'expose mon corps, l'entier de mon être plusieurs heures par jour devant des enfants, j'ai besoin de gratifications, de stimulations et de partages avec des adultes.

• Je souhaite pouvoir me remettre en cause devant mes collègues sans être taxé de démagogue ou de névrosé.

Je pourrais énoncer ainsi bien des attentes, des demandes et des positionnements qu'un enseignant aurait vis-à-vis de ses collègues. J'ai tenté simplement de montrer au travers de quelques exemples qu'il est possible de créer les bases d'une charte de vie à l'école. Cela peut apparaître comme une utopie, mais l'enjeu en sera de proposer des relations plus vivantes entre tous les protagonistes de l'école.

Les utopies sont nécessaires. Une utopie, c'est une passerelle fragile tendue avec l'énergie de l'espérance entre le réel et la réalité. Ce réel qui habite chacun, qui nourrit nos tentatives d'amour et de bien-être vers l'autre et qui se heurte à une réalité parfois inhumaine que trop de malentendus et d'erreurs ont créée pour nous, avant nous ou avec notre... collaboration !

Oui, une des priorités de l'école, dans les années à venir, sera de devenir un lieu d'échanges, de partages et d'amplifications des savoir-être — et cela passe à la fois par un enseignement et une mise en pratique concrète de quelques règles d'hygiène relationnelle.

Pour une éducation à la conscientisation

Il y aura un jour, dans les écoles, une éducation à la conscientisation. Je veux parler d'une éducation où chaque enfant sera invité à entendre et à amplifier l'éveil de ses possibles et, au-delà, reconnaître la parcelle de divin qui est inscrite en lui.

Une éducation qui lui permettra et l'autorisera

à ressentir ce qu'il ressent, à éprouver ce qu'il éprouve à un moment donné, à pouvoir identifier des sentiments réels à l'instant où ils surgiront en lui. Une éducation où lui seront ainsi offerts les possibles d'un véritable lieu d'apprentissage :

• pour s'exercer à percevoir les différentes sensations que suscitent en lui les réponses de l'entourage, qu'il puisse s'agir de gratification, de frustration, d'incompréhension ou de rejet ;

— pour affiner ces capacités de discernement ;

— pour apprendre à distinguer entre écouter et entendre, regarder et voir, s'exprimer et communiquer.

Il y aura un jour, dans les écoles, une éducation consacrée à la sauvegarde du respect de soi et une formation centrée sur la découverte qu'une relation a toujours deux extrémités.

Il y aura un jour, dans les écoles, un enseignement des relations humaines pour nous sensibiliser à l'importance du partage, à la nécessité de se dire avec des mots à soi, de ne plus se laisser définir.

Oui, il y aura un jour une éducation « consciencielle », qui sollicitera chacun à se sentir responsable de l'extrémité de la relation qui est la sienne. Une formation qui l'invitera à se sentir attentif, vigilant et respectueux de l'autre extrémité (celle de celui qui est devant soi), dans la découverte et l'expérimentation de la différence, de l'unicité de chacun et de son altérité.

Il y aura un jour, dans les écoles, un enseignement pour apprendre à protéger et à nourrir notre relation — non seulement la relation à nous-même, mais aussi à l'Univers. Une formation pour nous initier à vivre et à agir comme des êtres planétaires qui ne peuvent plus se contenter de gérer la planète Terre à partir d'intérêts locaux, nationaux ou circonstanciels.

Oui, il y aura un jour une *écologie relationnelle* qui fleurira entre les êtres et nous donnera des moyens concrets d'accéder, au-delà de l'espérance, à cette aspiration d'absolu, de bonheur et de paix qui habite en chacun.

Il y aura une impulsion plus vitale qu'un besoin, plus ambitieuse qu'un désir, plus puissante qu'un éveil.

Il y aura un mouvement plus profond qu'un élan, plus large qu'un envol, plus généreux qu'une promesse.

Il y aura un idéal plus vivant qu'un rêve.

Il y aura le projet commun d'une charte de vie et de bien-être pour oser se proposer des communications vivantes et des relations en santé entre les hommes et les femmes de notre monde.

Le seul que nous ayons à protéger, celui de notre vie d'aujourd'hui. Celui de nos enfants, et de tous les enfants à venir.

Le numineux dans la rencontre

JEAN-YVES LELOUP

Considérer le corps comme un temple, la nature comme un espace sacré et le cosmos comme symphonie divine peut nous aider à ouvrir les yeux sur le mystère de la création. Et sur les infinis de notre création propre.

Malraux disait de la mort qu'elle a pour effet de transformer la vie en destin mais que ce n'est pas la mort qui opère ce changement, c'est l'amour. À côté des manifestations du numineux dans l'art et la nature, il y a celles plus humaines sans doute de la Rencontre — de l'homme avec l'homme, de l'homme avec la femme.

« L'homme qui ne sait des femmes que la crainte qu'elles lui inspirent et qui donc n'en sait rien, l'homme a cependant un début de lumière, un fragment de ce qu'est Dieu, dans sa mélancolie du rire des femmes, dans sa nostalgie invincible d'un visage éclairé d'insouciance [1]. »

Sous l'opacité du masque il y a parfois la rencon-

1. Christian Bobin, *Le Très-Bas*, Gallimard, p. 100.

tre du visage. Le prochain instant, je le reconnais comme « moi-même » et « voici l'os de mes os, la chair de ma chair », chantait le vieil Adam. Un instant, nous ne sommes plus ennemis, coupables ou complices, nous sommes uniques et nous sommes Un, nous nous reconnaissons « depuis longtemps » ou depuis l'origine qui est ici et maintenant. La rencontre numineuse peut commencer au simple niveau érotique. Pourquoi dit-on toujours « avoir le diable dans la peau » ? Si le diable vient dans notre peau c'est que Dieu n'y est pas assez. Le diable prend en nous la place qu'on n'ose pas donner à l'amour.

« Si vous saviez comme la peau est profonde... », disait Valéry. C'est là que Dieu s'est incarné, pourquoi ne pourrait-on pas aussi avoir « Dieu dans la peau » ?

Le temple du corps

La sexualité elle-même peut avoir un caractère numineux et pour beaucoup de nos contemporains c'est peut-être, plus que l'art et la nature, une voie d'accès au Sacré.

« Refuser l'érotisme et la sexualité est un refus de la grande Vie dans son aspect de plénitude et son élan vers l'unité. Il est curieux que le désir sexuel qui a sa source dans la Vie elle-même doive être pour ainsi dire refoulé au profit de valeurs humaines dites " spirituelles "... La jouissance est au fond la façon pour l'Être, présent dans notre Être essentiel, de devenir conscient de lui-même dans la conscience de l'homme [1]. »

Graf Dürckheim ne fait que redire ici dans son langage l'expérience des maîtres du shivaïsme, particulièrement du *Lingapasana rahasya :*

« L'homme perçoit dans le plaisir sa propre nature essentielle qui est la joie. Toute jouissance, tout plaisir est une expérience du divin... Mais l'amour parfait est celui dont l'objet n'est pas limité. C'est cet amour qui est l'amour pur, l'amour de l'amour même, l'amour de l'Être transcendant. »

Le plaisir n'est pas ici perçu comme obstacle sur le chemin vers Dieu puisqu'il en est la manifestation et la rencontre des corps en est le temple. Principe de plaisir et principe de réalité ne sont plus ici opposés. Dieu lui-même est Plaisir et Réalité infinis, Béatitude, Joie *(ananda)* qui se rétracte dans le plaisir fini auquel Il donne aux amants de participer.

Le monde, les corps, les esprits ne donnent du plaisir que parce qu'ils participent à son Être. Le seul malheur serait d'oublier sa Présence dans le plaisir, c'est-à-dire faire l'amour sans conscience, sans amour. La conscience du divin dans le plaisir est le propre de l'homme, sinon il se réduit à des pulsions animales, aux fonctionnements plus ou moins mécaniques de nos « machines désirantes ».

C'est l'Éros qui donne au sexe ses ailes. Sans érotisme, la sexualité perd tout caractère numineux, elle n'est que décharge, apaisement momentané d'une tension. C'est ce que Jung reprocha à Freud

1. Graf Dürckheim, *Le centre de l'Être,* Albin Michel, p. 203.

— de ne pas saisir cette qualité du numineux dans la sexualité après avoir fait de la sexualité ou de la libido le moteur premier de tous nos actes :

« Si Freud avait mieux apprécié la vérité psychologique qui veut que la sexualité soit numineuse, elle est un Dieu et un diable, il ne serait pas resté prisonnier d'une notion biologique étriquée... Face à l'unilatéralité de Freud, il n'y avait pas de recours. Peut-être qu'une expérience intérieure personnelle aurait pu lui ouvrir les yeux, bien que toutefois son intellect l'eût peut-être ramenée, elle aussi, à la simple sexualité ou " psycho-sexualité " [1]. »

Néanmoins, demander à la sexualité de trop fréquentes extases ou une ouverture nécessaire au divin, comme peuvent le faire aujourd'hui certains adeptes d'un tantrisme superficiels, risque de conduire à des déconvenues. Le témoignage de Mitsou Naslednikov (Ma Anand Margo) est à ce propos significatif :

« À force de vouloir, à travers ces rituels, canaliser l'énergie sexuelle, nous nous perdons maintenant dans un dédale de symboles mystifiants, de projections imaginaires dont les structures étouffent peu à peu nos besoins d'épanouissement spontané et d'indépendance. En projetant sur toi toute la symbolique tantrique du Shiva divin, je t'appréhende comme un objet d'expérience, un phallus porteur d'extases mystiques, à condition qu'il veuille bien se laisser initier..., et tu te sens prisonnier, ignoré, manipulé. Il devient évident que je fais fausse route dans ma manière d'appréhender le

1. Jung, *Souvenir, rêves et pensées*, Gallimard, p. 180-181.

tantra, je tombe dans le piège qui consiste à déterminer à l'avance l'espace désirable (l'extase) et à employer toutes les techniques possibles pour l'atteindre. La réalité présente ne suffit plus, il faut toujours l'améliorer. Cette attitude volontaire, directive, cette insatisfaction perpétuelle, due à la soif d'aller plus loin, entrave toute spontanéité [1]. »

Le *moi* tend à « récupérer » par sa volonté propre ce qui lui fut donné gratuitement, au moment où il s'abandonnait et s'ouvrait dans l'inconditionné. Vouloir rendre l'ego heureux est une tâche impossible.

De l'ego au Soi

Seule l'ouverture de l'ego au Soi rend le bonheur possible. Vouloir se rendre heureux avec un autre ou vouloir le rendre heureux avec soi est un leurre dont la souffrance nous éveille souvent fort durement.

Ce qui se révèle dans la rencontre numineuse, ce n'est pas seulement un « toi et moi », mais ce que Graf Dürckheim appelle le « grand Troisième », le Soi, entre nous deux, qui rend la rencontre possible et parce que l'amour ne dépend pas seulement de toi et de moi, mais de ce Troisième ; nous pouvons nous reconnaître dans nos différences sans en être séparés pour autant.

Le Soi est ce qui nous unifie et nous différencie dans le même mouvement. On peut être séparé

1. Mitsou Naslednikov, *Le chemin de l'extase,* Albin Michel, p. 64.

d'une personne aimée ; ce qui nous a unis dans la profondeur de l'instant essentiel demeure, le temps n'a pas d'emprise sur la qualité du Soi, quand bien même il éroderait au point de les détruire les qualités du moi.

Qu'est-ce qui est « indissoluble » entre deux personnes, qu'est-ce qui n'est pas soluble dans le temps, le quotidien ? — le Soi.

Et il y a là une délivrance, une légèreté à découvrir que notre amour ne dépend pas seulement de nous, il est un Autre entre nous et cet Autre ne prend pas toutes nos rides, il garde la vivacité d'un enfant Éternel. Que nous appelions cet Autre le « grand Troisième », « Dieu » ou le « Soi », dans la rencontre numineuse transparaît un ordre de réalité qui semble échapper aux puissances de la mort. « Aimer quelqu'un, disait Gabriel Marcel, c'est lui dire : " Tu ne mourras pas. " »

Le corps, les pensées, les sentiments passent, ce qui s'est manifesté à travers eux demeure. Il y a là une certitude qu'expérimentent parfois les amants au creux de leurs corps, mais qui peut se vivre aussi dans la rencontre de deux pensées : « Ce que je me formulais à peine, voici tout à coup que sa bouche l'exprime. » Dans la communion des pensées, on s'ouvre à la Présence de l'Esprit ou à la Conscience qui l'a rendue possible.

Plus profondément encore que la rencontre des corps et des pensées, il y a la rencontre affective qui arrache définitivement l'autre au monde des objets pour en faire un « Toi » unique. Dans cette rencontre il y a un éveil du cœur qui vous fait passer du monde des choses au monde des présences.

Le désert est entre nous
Les caravanes m'ont apporté
De tes dattes et elles t'ont donné
De mon eau.

Nous autres humains
Nous nous connaissons
Il y a toujours eu des caravanes de rêves
Et des provisions de paroles
Pour faire le lien

Mais le désert est entre nous.

Le projet ultime

YVAN AMAR *

Propos recueillis par
Marc de Smedt

Pourquoi communique-t-on ? Première réponse qui vient : échange d'information et de savoir qui nous permet d'acquérir plus de connaissances utiles à notre action et gratifier ainsi des besoins fondamentaux sur le plan de la survie au quotidien, de l'estime de soi et du bonheur.

On communique pour être plus performant et plus heureux, plus que ce qu'on est : il y a donc aussi là un « plus » sur le plan émotionnel et intellectuel, qui est lié à un projet que l'on porte en soi, un projet d'intérêt personnel qu'on peut qualifier d'« égoïste » car il nous concerne en priorité. Ce projet-là revient à s'aimer soi, par procuration, car on cherche à être aimé de l'autre — et des autres — pour s'aimer soi et, ultimement, se rendre heureux.

Entrer dans l'intimité d'une communication, c'est constater combien on communique pour soi, dans un but égoïste. Mais il faut prendre conscience que le besoin d'entrer en relation les uns avec les autres n'est pas, lui, égoïste : il est guidé, bien au-delà de notre propre intérêt,

* Auteur du récent *Les dix commandements*, éditions du Relié.

par un projet commun qui nous dépasse. Il y a en effet un projet derrière les êtres qui les pousse, au-delà d'eux-mêmes, à entrer en communication, en relation.

Ce projet commun est une intelligence qui cherche, au travers de cette relation, à se reconnaître dans cette relation. Il faut donc faire la différence entre la communication ordinaire qui est un échange et une mise en commun d'informations pour le bonheur de chacun et le fait de communiquer dans l'intelligence profonde d'un projet qui nous dépasse tous et nous pousse à entrer en relation pour qu'il se réalise ; nous devons alors devenir les serviteurs de ce projet dont l'enseignement profond est : communiquez les uns avec les autres pour vous aimer les uns les autres.

On communique pour que notre communication devienne l'occasion de reconnaître le fait essentiel que l'amour est le but ultime de notre relation avec autrui : il est plus que la somme de ce et ceux qui communiquent !

Le chercheur de lumière

THÉODORE MONOD

propos recueillis par
Olympia Alberti

Le désert, dans sa nudité, est-il le lieu où l'on communique le plus — avec soi-même, avec autrui, mais aussi avec le Tout Autre ? L'expérience du grand chercheur et marcheur qu'est Théodore Monod nous le fait croire.

Théodore Monod, né en 1902, parcourt le Sahara à dos de chameau ou à pied depuis soixante-dix ans. Il est devenu un remarquable spécialiste du désert. Quêteur de mystère et chercheur d'infini, il accède à une sérénité faite de savoir et d'espérance. « Espérer n'est pas savoir », dit-il, mais, dans son tempérament évangélique de conquérant d'un paradis à construire pour l'Humain et l'animal, les deux voies s'épousent avec bonheur. Sa vie se partage entre ses expéditions et ses travaux au Muséum d'histoire naturelle. Membre de l'Institut, il est l'auteur de *Méharées*, *L'hippopotame et le philosophe*, et de *L'émeraude des*

Garamantes[1]. Sur son visage, c'est la bonté du sourire, et dans sa voix, la fermeté de la présence.

Olympia Alberti : *D'où vient votre fascination pour le désert ?*

Théodore Monod : Du hasard. Plutôt de la Providence. À vingt ans, je suis envoyé en mission d'enquête en Mauritanie, pour étudier les pêches et les productions coloniales d'origine animale. Je me suis trouvé entre deux océans : l'Atlantique derrière moi et l'océan sablonneux et pétré devant moi. J'ai pris un chameau, et j'ai traversé toute la Mauritanie occidentale, jusqu'à Saint-Louis du Sénégal. Ma selle était trop petite, inconfortable. Mais cela ne m'a pas dégoûté. C'était en 1922, 1923. J'ai été conquis. Je n'ai cessé d'espérer pénétrer dans l'intérieur vers Tamanrasset et le Niger.

O.A. : *Est-ce que votre approche du désert est aussi d'ordre mystique, comme celle du père de Foucauld ?*

T.M. : Je ne pense pas que le désert favorise la vie religieuse, mais on a du temps. Donc, il favorise la méditation, une forme de vie plus spirituelle. Le désert a servi de refuge, dans l'histoire du christianisme, pour le monachisme et l'érémitisme. Des communautés coptes qui fuyaient Alexandrie s'y sont réfugiées, par exemple. Le désert conduit vers le silence intérieur.

O.A. : *Aujourd'hui, quand l'humanité citadine a tant*

1. Vient de paraître aux éditions Actes Sud. *Le désert lybique* (sous la direction de Théodore Monod), éditions Arthaud.

besoin de secours, se tourner vers le désert est-il une provocation ou un message ?

T.M. : C'est un message. Il faut respecter le désert, l'aimer, le comprendre. Le contraire du Paris-Dakar, évidemment. Un homme bien élevé ne fait pas certaines choses dans une église, une synagogue ou une mosquée. La beauté du désert est d'une grandeur saisissante, il faut la respecter. C'est la nature sans l'homme. Ni poteaux télégraphiques, ni rails. C'est ce que redeviendrait la nature si l'homme disparaissait. La beauté du désert porte aussi son message : on vit avec peu, on accède au dépouillement.

O.A. : *À ce propos pratiquez-vous toujours votre jeûne hebdomadaire ?*

T.M. : Oui, depuis la guerre d'Algérie, où Massignon avait appelé à un jeûne pour la paix. Je jeûne tous les vendredis et chaque année, en outre, du 6 au 9 août, pour Hiroshima et Nagasaki. J'ai expérimenté qu'on peut vivre avec un litre d'eau seulement au désert. C'est peu, vous savez. Pour être heureux, il faut deux litres *(grand sourire de bonté).* Mais, pour vivre, un litre suffit.

O.A. : *Il y a un rapport entre la beauté (rencontrée au désert ou ailleurs) et le jeûne ; vous faites de la place pour l'accueillir. La beauté n'est-elle pas une nourriture ?*

T.M. : Certes, la beauté comble, malgré la monotonie du paysage durant trois semaines. Vous savez, entre la Mauritanie et le Mali, il y a un espace sans nom que les hommes du désert ont baptisé « la grande solitude » ou « la grande traversée ». Il n'y a pas un puits, pas un arbre — un espace pur. Il y a les dunes peu sérieuses qui n'opposent pas d'obstacles à la progression, et les dunes auxquelles on doit renoncer. On apprend à vivre cela.

O.A. : *Lorsque vous dites que vous prenez vos convictions dans l'Évangile, tendez-vous à établir l'homme dans son éternité ?*

T.M. : J'appartiens à une communauté qui récite les Béatitudes en grec : celles de saint Matthieu plutôt que saint Luc. Oui, je souhaite l'homme éternel, qui accepte de se mobiliser, de quitter la barbarie. La guerre atomique serait mille fois Hiroshima. Il n'y a pas d'abri atomique en France sauf le mont Verdun, l'Élysée et Taverny (le PC atomique français). Il faut réconcilier l'homme avec l'homme, puis avec les autres animaux. L'adjectif « bestial » est exclu de mon vocabulaire : les lions n'apprennent pas aux lionceaux à tuer leurs frères, l'homme apprend à son enfant à tuer des enfants d'homme. On est passé de l'âge des cavernes à l'âge des casernes. Et préparer le crime est déjà un crime. On ne peut vivre, on ne peut s'élever dans la péjoration, dans la barbarie. Adopter les Béatitudes comme règle de vie, c'est aller dans la tendresse évangélique du Sermon sur la montagne. Mais attention, évacuons les fadaises sémitiques de bédouins : rien ne prouve que Dieu soit masculin, pas plus que paternel ! Le Dieu de l'Évangile est fraternel, aimant, il est fondé sur la confiance en l'Humain.

O.A. : *Avez-vous un rêve en particulier ?*

T.M. : Voir les hommes cesser de s'entre-détruire. Mais vous ne le verrez pas non plus. Ce sera long.

L'Homme est tout jeune. La barbarie lui plaît, les incitations ne manquent pas. Isaïe décrit une montagne sainte « où le lion dormira avec le chevreau ». Ce sont des temps messianiques. Je ne sais ce qui ce passera dans l'Au-delà, quand je passerai à l'autre rive. Espérer n'est pas savoir. J'espère qu'il y aura quelque chose, je voudrais qu'il y ait la possibilité de se faire pardonner de ceux que nous avons blessés, par nos paroles, ou nos silences. Car le silence peut tuer aussi.

Liste des auteurs

OLYMPIA ALBERTI, critique littéraire et assistante à la faculté de lettres de Nice, est notamment l'auteur de *Le jasmin ivre, La dévorade, L'amour palimpseste* (éditions Albin Michel).

YVAN AMAR est l'auteur de *Les dix commandements,* (éditions du Relié).

ROSE-MARIE ASTULFONI, infirmière de profession, assiste Jacques Salomé au Centre de formation aux relations humaines.

JULOS BEAUCARNE, poète, chanteur, musicien. Proche des cœurs et de la vie, chantre de l'amitié, de l'amour et de la tendresse, il est l'auteur de *Voyage à la lisière de l'infini* (éditions Le Fennec) et d'un compact-disc chez Baillemont d'où est tirée cette chanson.

GUY CORNEAU, analyste jungien, anime des groupes de réflexion et de confrontation sur les positions de l'homme vis-à-vis de son intimité. Il est l'auteur du remarquable *Père manquant fils manqué,* éditions Le Jour.

AGNÈS DONON, art-thérapeute, anime des sessions de formation aux relations humaines. Fondatrice de « Mots et merveilles » et de la « Maison des Mots ».

Gilles Farcet, trente-six ans, docteur ès lettres, a publié une douzaine d'ouvrages et consacre aujourd'hui l'essentiel de son temps à l'accompagnement spirituel et thérapeutique dans la filiation d'Arnaud Desjardins dont il est l'élève depuis treize ans. Parmi ses plus récents ouvrages : *Le soleil se lève à l'ouest* (éditions Albin Michel) ; *La ferveur du quotidien* (éditions L'Originel) ; *L'Aube de l'Autre* (éditions Le Fennec) ; et, avec Alessandro Jodorowsky, un livre d'entretiens : *Psychomagie* (éditions Albin Michel).

Agnès Favard a fondé en 1990 l'Institut transdisciplinaire de recherches sur l'être et la conscience (ITREC) qui dispense une formation à la psychologie transpersonnelle et aux techniques de communication et créativité (formateurs: Michel Cazenave, Guy Corneau, Jacques Donnars, Jean-Yves Leloup, Jacques Salomé, Christiane Singer, Annick de Souzenelle, Josette Stanké...). Psychothérapeute et formatrice, elle intègre les outils de la sophrologie, la programmation neurolinguistique, l'hypnose éricksonienne et l'art-thérapie dans une recherche créative et d'expression de l'identité.

Sylvie Galland, psychothérapeute et psychodramatiste à Lausanne, a écrit *Les mémoires de l'oubli* (éditions Jouvence), un essai sur le développement personnel, en collaboration avec Jacques Salomé, à partir des stages de psychodrame qu'ils animaient ensemble.

Monique Herbage, ancienne styliste, devenue psychothérapeute en 1984 après la reprise d'études universitaires et post-universitaires.

Pierre Herzbrun, psychothérapeute depuis 1980, après des études de sciences de l'éducation et de psychologie.

GÉRARD LELEU, médecin, est l'auteur du *Traité des caresses* (éditions J'ai Lu) et de *La mâle peur* (éditions Encre).

JEAN-YVES LELOUP, prêtre orthodoxe, est l'auteur de plusieurs ouvrages dont, pour le sujet qui nous intéresse, *Manque et plénitude* (éditions Albin Michel).

FRANÇOISE RODARY, docteur en médecine, développe dans ses formations le concept de soins relationnels. Elle est l'auteur de *Docteur, s'il vous plaît, écoutez-moi,* préface de Jacques Salomé (éditions Jouvence).

JACQUES SALOMÉ est, entre autres, l'auteur de *Heureux qui communique ; T'es-toi quand tu parles ; L'enfant Bouddha* (illustration de Cosey) ; *Papa, Maman écoutez-moi vraiment ; Contes à guérir, contes à grandir ; Le Tarot relationnel ou le jeu du Regard Fertile ; Charte de vie relationnelle à l'école* (éditions Albin Michel) ; *Si je m'écoutais je m'entendrais* (en collaboration avec Sylvie Galland) ; *Parle-moi, j'ai des choses à te dire* (éditions de l'Homme) ; *Apprivoiser la tendresse* (éditions Jouvence).

PAULE SALOMON, écrivain et psychothérapeute, est notamment l'auteur de *La femme solaire, Corps vivant* et *La sainte folie du couple* (éditions Albin Michel).

PERLA SERVAN-SCHREIBER, docteur en droit public, a travaillé à *Elle* et *Marie Claire.* Elle est aussi l'auteur du très bel ouvrage *La féminité, de la liberté au bonheur* (éditions Stock). Elle anime par ailleurs un séminaire sur les métiers de la communication à la Sorbonne.

JOSETTE STANKÉ est reconnue tant au Canada qu'en France pour ses travaux, conférences, séminaires, cours et publications.

« *Espaces libres* »
au format de Poche

1. *Éloge du Silence,* de Marc de SMEDT.
2. *L'Érotisme et le Sacré,* de Philippe CAMBY.
3. *L'Aura : Le corps de lumière,* de David TANSLEY.
4. *La mort est une autre naissance,* collectif avec une préface de Marc ORAISON.
5. *La Magie des plantes,* de Jacques BROSSE.
6. *L'Esprit des jeux,* de Marc de SMEDT, Jean-Michel VARENNE et Zéno BIANU.
7. *Sourates,* de Jacques LACARRIÈRE.
8. *Les Ages de la vie,* de Christiane SINGER.
9. *Je m'appelle toi,* de Jacques SALOMÉ.
10. *Henry Thoreau, l'éveillé du Nouveau Monde,* de Gilles FARCET.
11. *Zen et self-control,* de Taisen DESHIMARU.
12. *Les Médecines sacrées,* de Claudine BRELET-RUEFF.
13. *Le Symbolisme du corps humain,* d'Annick de SOUZENELLE.
14. *Vivre mieux et guérir par les couleurs,* d'Andrée SCHLEMMER.
15. *Sur les pas du Bouddha,* de Marc de SMEDT.
16. *La Guerre et les Religions,* de Pierre CRÉPON.
17. *L'Évangile de la colombe,* d'ORIA.
18. *Alexandra David-Néel,* de Jacques BROSSE.
19. *Aux sources de la présence,* de Daniel PONS.
20. *Le 7ᵉ Sens ou le corps spirituel,* de Jeanne GUESNÉ.
21. *Teilhard de Chardin et le mystère de la Terre,* de Jean ONIMUS.
22. *36 preuves de l'existence du Diable,* d'André FROSSARD.
23. *Cantique pour Nathanaël,* d'André CHOURAQUI.
24. *Terre sacrée : l'univers sacré des Indiens d'Amérique du Nord,* de Serge BRAMLY.
25. *Le Retour du courage,* de Jean-Louis SERVAN-SCHREIBER.
26. *Arnaud Desjardins ou l'aventure de la sagesse,* de Gilles FARCET.
27. *Le Zen et la Bible,* de J. K. KADOWAKI.
28. *Marie-Madeleine, un amour infini,* de Jacqueline KELEN.
29. *Rêves d'hier et d'aujourd'hui,* de Marie-Louise von FRANZ.
30. *Prophètes d'aujourd'hui,* de Rachel et Jean-Pierre CARTIER.
31. *Merlin l'Enchanteur,* de Jean MARKALE.
32. *L'Art de la concentration,* de Pierre FEUGA.
33. *Contes de la mort,* de Jean MARKALE.
34. *Le Destin du Monde d'après la tradition shivaïte*, d'Alain DANIÉ LOU.

35. *Le Christ hébreu,* de Claude TRESMONTANT.
36. *La Femme dans les contes de fées,* de Marie-Louise von FRANZ.
37. *Mélusine ou l'androgyne,* de Jean MARKALE.
38. *La Tentation des Indes,* d'Olivier GERMAIN-THOMAS.
39. *Méditer et agir,* colloques de la Sainte-Baume.
40. *Jésus raconté par le Juif Errant,* d'Edmond FLEG.
41. *Le Zen en chair et en os,* de Paul REPS.
42. *La Clarté intérieure,* de Marc de SMEDT.
43. *L'Absurde et la Grâce,* de Jean-Yves LELOUP.
44. *Voyages et aventures de l'esprit,* d'Alexandra DAVID-NEEL.
45. *La Nuit privée d'étoiles,* de Thomas MERTON.
46. *Confidences impersonnelles,* d'Arnaud DESJARDINS.
47. *Méditation zen et prière chrétienne,* de H. M. ENOMIYA LASSALLE.
48. *Tristan et Iseut,* de Michel CAZENAVE.
49. *L'Homme aux prises avec l'inconscient,* d'Elie G. HUMBERT.
50. *La Psychologie de la divination,* de M.-L. von FRANZ.
51. *La Synchronicité, l'âme et la science,* ouvrage collectif.
52. *Islam, l'autre visage,* d'Eva de VITRAY-MEYEROVITCH.
53. *La Chronobiologie chinoise,* de Pierre CRÉPON et Gabriel FAUBERT.
54. *Sentences et proverbes de la sagesse chinoise,* choisis et adaptés par Bernard DUCOURANT.
55. *Vivre, Paroles pour une éthique du temps présent,* d'Albert SCHWEITZER.
56. *Jésus fils de l'homme,* de Khalil GIBRAN.
57. *Les chemins du Zen,* de D. T. SUZUKI.
58. *Le 3e Souffle ou l'agir universel,* de Jeanne GUESNÉ.
59. *Le Testament de l'Ange, les derniers jours de Gitta Mallasz,* de Bernard MONTAUD.
60. *Confiteor,* de Bernard BESRET.
61. *Les Mythes de l'Amour,* de Denis de ROUGEMONT.
62. *La Place de l'homme dans la nature,* du père TEILHARD DE CHARDIN, présenté par Jean ONINUS.
63. *Communiquer pour vivre,* ouvrage collectif sous la dir. de Jacques SALOMÉ.
64. *Accroche ta vie à une étoile,* de Stan ROUGIER.
65. *Du bon usage des crises,* de Christiane SINGER

La composition de cet ouvrage
*a été réalisée par l'**Imprimerie BUSSIÈRE**,*
l'impression et le brochage ont été effectués
sur presse Cameron
*dans les ateliers de **Bussière Camedan Imprimeries***
à Saint-Amand-Montrond (Cher),
pour le compte des Éditions Albin Michel.

Achevé d'imprimer en janvier 1997.
N° d'édition : 16361. N° d'impression : 1/173.
Dépôt légal : janvier 1997.

5/97